말씀에서 샘솟는 기도

ENZO BIANCHI
PREGARE LA PAROLA
introduzione alla "Lectio Divina"
© Piero Gribaudi Editore, Torino 1991
Translated by RI Yeon Hak.
© Benedict Press, Waegwan, Korea 2001

말씀에서 샘솟는 기도
2001년 2월 초판 | 2025년 4월 16쇄
옮긴이 · 이연학 | 펴낸이 · 박현동
펴낸곳 · 성 베네딕도회 왜관수도원 ⓒ 분도출판사
찍은곳 · 분도인쇄소
등록 · 1962년 5월 7일 라15호
04606 서울시 중구 장충단로 188(분도출판사 편집부)
39889 경북 칠곡군 왜관읍 관문로 61(분도인쇄소)
분도출판사 · 전화 02-2266-3605 · 팩스 02-2271-3605
분도인쇄소 · 전화 054-970-2400 · 팩스 054-971-0179
www.bundobook.co.kr
ISBN 978-89-419-0108-2 03230

거·룩·한·독·서·로·들·어·가·기

말씀에서 샘솟는 기도

엔조 비앙키 지음 | 이연학 옮김

분도출판사

침묵의 말씀
언어의 말씀
살이 되신 말씀
오직 당신뿐, 말씀!

한국어판 서문

제2차 세계대전 직후에 태어난 제 또래들이 어렸을 때 어른들한테서 듣던 "한국"이란 단어는, 당시 음울하게 피어오르고 있던 세계적 긴장 상황과 맞물려 있었습니다. 그리고 당시 국제연합 총재 닥 함마슐트Dag Hammarskjöld가 시작하고 있던 화해의 노력들을 상기시키기도 하였습니다. 이 평화의 일꾼은 결국 평화를 위해 일하던 중에 생애를 마쳤습니다. 나아가 "한국"은, 우리도 겪은 바 있는 끔찍한 동족상잔의 일대 드라마가 지구 반대편에서도 벌어지고 있다는 사실을 알려주는 단어였습니다. 사실 우리네 부모님들 역시 아직 아물지 않은 상처를 가슴에 안고 사셨습니다. 그러니까 한국은, 비록 지도상에서 찾기가 그리 쉽지 않았다 하더라도, 우리 무의식에서 여러모로 "형제"처럼 느껴지던 나라였던 셈입니다. 그후 우리는 이 나라에 대해 조금은 더 잘 알게 되었습니다. 우리에게 한국은 긍정적인 면에서뿐 아니라 그다지 자랑스럽지 못한 면에서도 서구 문화와 대단히 유사한 동양의 한 나라로 비쳤는데, 이 점에 대해 물론 제가 그리 확신하는 편은 못 됩니다.

저는 제2차 바티칸 공의회가 끝나던 무렵 수도승 생활을 시작하였습니다. 제가 하게 된 수도승 생활은 여느 수도승 공동체 생활과는 꽤 달랐지만, 그럼에도 불구하고 교부들의 전통에 깊이 뿌리내리고 있는 것이었습니다. 그후 제게는 하느님의 말씀을 전하기 위해 방글라데시, 인도네시아, 홍콩, 일본 등 동양의 여러 나라에 다녀올 기회가 몇 번 주어졌습니다. 그때마다 한국도 제 시야에 가까워지는 듯했습니다. 그러나 한국은 종내 여정의 외곽에만 머무는 듯 싶었습니다. 관심은 늘 있었지만, 한국이라는 나라와 거기 사는 사람들을 직접 접촉할 기회는 없었던 것입니다. 저 자신은 원하고 있었는데도 말입니다. 그러다가 근년에 들어, 몇 달 동안 한국 수도자들과의 형제적 만남이 연이어 생기게 되었습니다. 고성 올리베따노 성 베네딕도 수도원의 원장 여 살레시오 수사님과 그곳의 몇몇 한국 형제들이 우리 수도원을 다녀갔고, 그후에는 부산 성 베네딕도 수녀회의 김 알로이시아 수녀님도 우리 수도원에서 몇 달 머물다 갔습니다. 또 로마에서 수업중이던 성 베네딕도회 왜관 수도원 소속의 두 수사님들도 며칠간 보세 공동체에서 피정도 할 겸 쉬다가 돌아갔습니다. 이리하여 우리는 서로 알게 되었고, 서로에 대해 깊은 존경과 호감을 가지게 되었습니다. 이들로부터 우리는 한국 교회와 그 수도승 생활이 형제애로 돈독하다는 인상을 받았습니다. 뿐만 아니라 순수하며 하느님의 말씀에 깊이 뿌리를 내리고 있다고 느끼게 되었습니다. 일이 이쯤 되면 이들의 자발적이고도 열성에 찬 제의를 거절하기가 어려운 법입니다. 올리베따노 형제들이 제 졸저들 중 가장 애착이 가는『말씀에서 샘솟는 기도』를 한국어로 번역하겠다고 나선 것입니다. 이탈리아에서 열여덟 판을 찍었고 열한 개 나라 말로 번역된 이 책은 거룩한 독서Lectio Divina의 여정을 시작할 수 있게 해주는 하나의 길잡이라고 할 수 있겠습니다. 사실 기도에 젖은 마음으로 성서를 봉독하는 이 거룩한 독서야말로 나의 영성생활과 우리 공동체의 배움에 일용할 양식이 되었던 것입니다.

이 책의 초판을 출간한 지 벌써 스물일곱 해가 지났습니다. 돌이켜보면 제2차 바티칸 공의회가 일으킨 성서 운동과 전례 개혁은 교회 안에서 "말씀의 유배" 상황이 드디어 끝났다는 사실을 확인해 주었는데, 이 책은 이런 상황에서 맺은 사색의 열매라고 할 수 있습니다. 바로 그즈음이 제가 여섯 형제들과 함께 독신생활과 공동생활을 통하여 주님을 철저히 따르는 생활을 시작하기로 마음을 굳히던 때였습니다. 하느님의 말씀을 중심으로 그 틀과 내용이 형성되는 수도승 공동체 생활을 시작하기로 한 것입니다. 이때문에 당시 제가 젊은이 특유의 기백으로 써나가고 있던 이 책을 세련된 이론서로 만들고자 하는 마음은 없었습니다. 오히려 이것은 평범한 그리스도인들의 삶을 조형하는 원리에 대한 통찰들을 나누고자 하는 순정한 마음의 산물이었습니다.

이탈리아와 여러 나라에서 예기치도 않았던 성공을 오래도록 누리고 있는 바로 그 책이 이제 한국어로도 빛을 보게 되어 정말 기쁩니다. 바라건대 부족하나마 이 졸저가 극동의 그리스도인들께 바치는 작은 감사의 표시가 되었으면 합니다. 하느님 말씀의 증인으로서 복음의 진수를 온전히 각자의 삶 속에 육화시킨 한국 땅의 모든 선남선녀들께 바치는 저의 진심어린 감사의 표시가 되었으면 하는 것입니다.

살아갈수록 더욱 깊이 확신하는 것이 한 가지 있습니다. 그것은, 실천하는 사람만이 하느님의 말씀을 진정으로 경청할 줄 안다는 사실입니다. 사실 성서 본문에 대한 진정한 이해는 주님께서 끊임없이 우리에게 들려주시는 말씀에 대해 삶으로 에누리없이 순종할 때 생깁니다. 이것이 이른바 "거룩한 복음의 연속"이라는 것입니다. 성서를 학문적으로만 파고든다고 해서 능사가 아닙니다. 오늘날 참으로 살아 있는 복음서는 거룩한 이들이 삶으로 보이는 증언입니다. 살이 되신 말씀, 주님을 절저히 뒤따르는 제자들이야말로 살아 있는 복음 단락입니다.

2000년 8월 6일
우리 주님의 거룩한 변모 축일에

보세 수도원 원장
엔조 비앙키 수사

『말씀에서 샘솟는 기도』를 위해

토마 사도처럼 눈으로 직접 뵙지도 못하고, 손으로 만지지도 못하는 하느님을 어떻게 알 수 있는가? 그러나 우리는 마음에 동이 트고 샛별이 떠오르기까지 어두운 데를 밝혀주는 등불 같은 하느님의 말씀을 경청함으로써 그분을 체험할 수 있음을 알고 있다(2베드 1,19 참조).

말씀을 읽고 묵상하고 기도하는 거룩한 독서의 원형을 우리는 벌써 이스라엘이 시나이 산에서 하느님으로부터 계약의 법전을 받는 장면에서 볼 수 있다. 이스라엘이 하느님의 백성이 되기 위해서는 하느님의 요구 말씀을 지켜야만 한다. 그때 하느님은 당신 백성의 하느님이 되어주신다(출애 19-24장 참조).

그러나 이스라엘은 기원전 587년 바빌론 등지로 50년 동안 유배 생활을 맞이하게 된다. 당연히 이 사이 성전은 파괴되고, 사제들도 모두 사라지게 되었다. 이제 그들은 어떻게 할 것인가? 그러나 긴 유배를 마치고 돌아왔을 때, 다행히 그들에게 남아 있는 것은 "휴대용 성전"인 하느님의 말씀이었다. 이때부터 이스라엘은 다시 하느님의 말씀에 귀기울이기 시작한다. 특히 느헤미야 8장은 유다이즘의 탄생과 거룩한 독서의 실천을 온 백성이 몸소 보여주는 아름다운 이야기다.

이렇게 다시 되찾은 하느님의 말씀을 우리 주님이신 예수님이 잊으실 리 없었다. 안식일에는 으레 회당에 들어가시어 성서를 읽고 풀이해 주셨으며(루가 4,16-30 참조), 그 어머니이신 성모님도 하느님을 찬미하는 아름다운 노래를 부르셨다(루가 1,46-56 참조). 사도들도 이렇게 성서를 읽고 기도한 결과로, 우리에게 4복음서와 여러 편지가 담긴 신약성서를 남겨주었다. 사도들의 시대에 구약성서만으로 차린 말씀의 식탁에서 맺어진 그 얼마나 풍요로운 열매인가!

교회의 역사만큼이나 오래된 이 거룩한 독서는 253년에 귀천한 그리스 교부 오리게네스와 1188년에 귀천한 카르투시오회 원장이었던 귀고 2세를 통해 체계화되고 집대성되었다. 그러나 불행하게도 성서 말씀을 신학적 논증을 위해 남용한 스콜라식의 독서법Lectio Scholastica과 반종교개혁의 영향으로 1300년경부터 교회 전통에서 약화되기 시작했다. 교회는 이때부터 점차적으로 성직자 위주, 성사 위주의 사목을 함으로써 무려 700여 년 동안 성서는 무시되어 왔다. 그러다가 오늘날 다시 거룩한 독서가 되살아난 것은 제2차 바티칸 공의회 덕분이다.

비록 이런 역사적 배경을 모르더라도, 복잡하고 세속화된 우리 사회에서 많은 이들이 말씀을 목말라하고 갈망하고 있음이 사실이다(아모 8,11 참조). 교회는 이들을 외면할 수 없다. 거룩한 독서는 하느님과 그리스도와의 만남의 자리이기 때문이다. 그 누구도, 그 무엇도 이 만남을 방해할 수는 없다.

끝으로 성서는 옛 이스라엘 백성과 그리스도의 새 백성인 교회의 책이다. 이 책은 하느님과 인간이 합작하여 쓴 거룩한 말씀으로, 성령께서는 성서의 저자들로 하여금 우리가 알아들을 수 있는 언어로 기록하도록 하셨다. 결국 우리의 기억과 지성과 의지를 통해 이루어지는 거룩한 독서는, 마음만 먹으면 누구나 쉽게 실천할 수 있는 독서법으로서, 성서를 이해하고 사랑할 수 있는 왕도王道다. 이 방법이 교회 안에서 믿는 이들의 영성생활에 동반자가 되어주기를 바라는 마음 간절하다.

2000년 9월 24일

대구 가톨릭 대학교 성서학 교수
서인석(바오로) 신부

차 례

1 거룩한 독서의 이해   19

1. 오늘날 하느님 말씀에 다가가기   21
2. 하느님의 말씀   35
3. 말씀의 전례   43
4. 말씀의 전례에서 거룩한 독서로   49
5. 거룩한 독서의 양성   57

2 거룩한 독서의 여정   103

6. 성령을 청하기   105
7. 성서를 펼쳐서 읽기   106
8. 묵상을 통해 뜻을 찾기   107
9. 말씀을 건네신 주님께 기도하기   108
10. 관상으로, 관상으로 …   109
11. 말씀을 마음에 간직하기   110
12. 경청은 순명임을 잊지 마십시오   111

3 거룩한 독서의 실천을 돕는 편지 둘   113

13. 보세 수도원의 원장 엔조 수사가 요한 형제에게 보내는 편지   115
14. 귀고 2세:「관상생활에 대해 쓴 편지」   139

교회는 주님의 성체(聖體)와 함께 성경(聖經)을 항상 존중하고, 특별히 거룩한 전례에서 끊임없이 하느님의 말씀과 함께 성체의 식탁에서 생명의 양식을 얻고 신자들에게도 준다. 교회는 성전(聖傳)과 함께 성경을 자기 신앙의 최고 규범으로 늘 간직하고 있다. 성경은 하느님의 영감에 의해 모든 시대를 위하여 단 한 번 기록된 것으로서 하느님 자신의 말씀을 변치 않게 전하며 예언자들과 사도들의 말 가운데 성령의 말소리를 반영시킨다. 그러므로 교회의 모든 설교는 그리스도교 자체와 마찬가지로 성경의 힘으로 자라고 지배를 받아야 한다. 사실, 하늘에 계신 아버지께서는 성경 안에서 당신 자녀들을 언제나 친절히 만나 주시고 그들과 말씀을 나누신다. 그리고 하느님의 말씀은, 교회에 대해서는 지탱과 힘이 되고, 교회의 자녀들에게는 신앙의 힘, 마음의 양식, 영신 생활의 깨끗하고 마르지 않는 샘이 되는 힘과 능력을 지니고 있다. 따라서 "하느님의 말씀은 살아 있고 힘이 있다"(히브 4,12). "그 말씀은 능히 튼튼히 세워 주시고 또한 성인이 된 모든 이에게 유산을 주실 수 있다"(사도 20,32; 1데살 2,13 참조)고

한 것은 성경에 대해서 말한 탁월한 표현이다. … 공의회는 또한 모든 그리스도 신자들, 특히 수도자들이 자주 성경을 읽음으로써 "예수 그리스도께 대한 숭고한 지식"(필립 3,8)을 배우도록 각별히 또한 강력히 권하는 바이다. … 하느님의 말씀으로 충만한 거룩한 전례를 통해서, 혹은 경건한 낭독이나 이에 적합한 강의를 통해서, 그외 교회 목자들의 승인과 지도 하에 오늘날 각처에서 실행하여 호평을 받고 있는 여러 가지 방법을 통해서, 기꺼이 성경과 친숙해져야 한다. 그러나 성경을 읽을 때는 하느님과 인간과의 대화가 이루어지도록 기도가 동반되어야 함을 잊지 말아야 한다. 왜냐하면, "우리가 기도할 때에는 하느님께 말씀드리는 것이고, 하느님의 말씀을 읽을 때에는 하느님의 말씀을 듣기 때문이다".

— 제2차 바티칸 공의회
「하느님의 계시에 관한 교의 헌장」*Dei Verbum*
21항과 25항에서

I
거룩한 독서의 이해

1
오늘날
하느님 말씀에 다가가기

오늘날 하느님의 말씀은 여러 세기에 걸친 유배를 끝내고 다시금 교회생활의 중심에 서게 되었다. 이것은 부인할 수 없는 사실이다. 심지어 "하느님 말씀의 재발견"이라는 표현까지 사용할 정도이다. 실로 여러 세기 동안 신자들은 성서를 직접 마주 대하는 법을 몰랐을 뿐만 아니라 마주할 엄두도 내지 못했다. 신앙생활에서 하느님의 말씀으로부터 직접 힘을 길어올릴 기회라고는 전혀 없었다. 비록 교회에 하느님의 말씀은 늘 살아 있었다 해도, 그 말씀은 성직자와 전문가들의 전유물일 뿐이었다. 그래서 하느님의 말씀은 교회의 가르침과 지침이라는 중개체계로 말미암아 힘을 잃게 되었다. 성직자와 전문가의 중개가 일반 신자들의 의식과 성서 사이에 하나의 장벽으로 가로놓여 있었던 것이다. 그리하여 성서가 신앙생활의 기초이며 모든 영역의 지침이라는 마땅한 사실은 단지 말에 그칠 따름이었다.

전례운동과 성서운동, 그리고 교회일치운동은 제2차 바티칸 공의회의 선구자적 역할을 하였는데, 사실상 공의회는 하느님의 말씀을 "해방"시키고 성서의 유배 기간에 종언을 선언했다. 이런 사실은 아마도 공의회 교부들이 감히 의식하지도 못했거니와, 그들이 생각했던 한계를 훨씬 넘어선 것이었는지도 모른다. 오늘날 우리는 마침내 그리스도교 공동체에 하느님의 말씀이 새로이 현현顯現하는 것을 보게 된 것이다. 이 점에 대해 우리는 무엇보다 교회의 주인이신 주님께 감사와 찬미를 드려야 한다. 우리를 말씀으로 되돌아오도록 부르신 분이 바로 이분이시기 때문이다. 공의회의 성과 중 가장 찬란한 업적이 있다면, 그것은 바로 하느님의 백성에게 말씀을 되돌려 준 일이다. 우리는 이 점을 점점 더 깊이 확신하게 되었다. 오랫동안 정체되고 위축되어 온 과정이 교회생활의 중심에 다시 자리잡게 된 말씀으로 말미암아 끊임없이 새롭게 재가동되고 있다. 그것은 다름아니라 역사와 인생과 교회 자체에 대한 하느님의 심판이라는 과정이다. 교회 역시 순례자로서 하느님 나라를 향해 걸어가고 있는 성인들과 죄인들의 통공이라는 성격을 지니므로, 그분 심판의 대상이 된다. 말씀은 이제 살아 있고 역동적이며, 효과적인 실재로 재발견되고 있다. 말씀은 신앙을 성장시키며, 역사 안에서 사람들과 동행하고 있는 그리스도인들에게 생명을 불어넣어 주고 스스로의 삶을 살펴보게 하는 그런 실재로 재발견되고 있다. 나아가 말씀은 그리스도인들의 모임에서 부지런히 읽히고 설교되고 있으며, 또한 도처에서 혼자든 여럿이든 말씀으로 묵상하고 기도하고 있다.

그럼에도 불구하고, 성서에 접근하는 몇몇 방식들은 모호하고 때로는 당혹감을 불러일으키기도 한다. 왜냐하면 그 방식들이 불충분하고 부적절하여, 말씀이 가지는 심원하고 탁월한 위상뿐만 아니라 교회 안에서 말씀이 낳는 영적 풍요로움을 위협하기 때문이다.

이런 방식들에서 우리가 느끼는 당혹감의 첫째 이유는 많은 설교자와 신자들이 평일이나 축일용 미사 독서집[1]들을 사용하는 방식에 있다. 이 독서집들은, 특히 축일용의 경우, 대단히 깊이있는 영적 이해력의 산물이다. 오늘날 설교자들이나 신자들에게 말씀의 이해를 돕기 위한 서적들은 봇물 터지듯 쏟아져나오고 있다. 그러나 이런 책자들의 출판은 분명히 과장된 데가 있어서 미심쩍게 여겨질 때가 많다. 무엇보다도 이런 유類의 서적들은 설교자와 청중의 개인적 노력을 덜어준다는 측면에서, 개인이나 공동체가 성서 앞에서 수동적인 태도를 취하는 데 한몫을 한다. 결국 미리 만들어진 강론이나 강론 보조 자료나 요약집은 역설적으로 성서와 직접 접촉할 기회를 빼앗는 위험을 지닌다고 할 수 있다. 사실상 개인적인 준비에 태만하게 되어, 힘겹지만 꼭 필요한 깊이있는 통찰의 과정을 생략시키는 것이다. 그리고 무엇보다도 성서 본문으로 기도하는 일을 건너뛰게 한다. 묵상도 통찰도 기도도 거치지 않고 나온 것을 선포하는 설교자라면 스스로에 대해 부끄러워질 수밖에 없다. 박식한 주석가나 신학자들에게서 급히 빌려온 내용의 강론이 어떻게 다양한 그리스도인들과 다양한 상황의 지역교회를 위해 활력있는 말씀이요 양식이 된다고 할 수 있겠는가? 이것이 과연 설교자, 즉 충실하고 순수하며 말씀에 수반되는 어떤 고난도 두려워할 줄 모르는 증거자가 선포한 하느님의 효과적인 "말씀"이라 할 수 있겠는가? 결국 오늘날 하느님의 말씀은 더이상 회중의 심금을 울리지 못하고, 마치 철옹성 같은 요새나 벽에 부딪치는 실정이라고들 한탄하게 된다.

말씀의 설교자는 더 자주, 더 뚜렷이 성서가 자기자신에게 부여하는 이름을 기억해야 한다. 사실 성서는 그를 "말씀의 시종",[2] "본 것과 또 앞으로도 내가 보여줄 것들의 증인",[3] "하느님의 신비를 맡은 관리인"[4]이라 부르고 있다. 특히 "말씀의 시종"[5]이라는 표현이 눈에 띈다. 이 말은 그가 말씀을 급하게 읽어치워서도 안되며, 또 강론을 위해 강론 자료집 따위에서 주워읽은 것을 지성적이고 심리학적이며 사회학적인 틀을 사용해서 전달해서도 안된다는 것을 뜻한다. 그는 무엇보다 먼저 말씀을 읽고 오래 묵상해야 한다. 그리고 말씀이 그를 지배할 수 있도록, 그리하여 그가 말씀의 "노예"가 되어버리도록 **말씀으로 기도해야** 한다. 베드로가 말하듯[6] 사람은 자기를 굴복시키는 이의 종이 되는 것이 사실이라면, 설교자는 무엇보다도 말씀의 종이 되어야 한다. 이럴 때에만 그는 말씀의 자유롭고도 순수하며 용맹스러운 메아리가 될 수 있다: 그는 말씀을 선포하되 왜곡 없이 올바르게 표현하려고 애쓸 것이다. 또한 그는 성서를 성서로써 해석한다는 원칙에 입각하여 특정 본문을 성서 전체의 맥락 안에 자리잡게 할 것이다. 그럼으로써 그 본문의 뜻을 깊이 알아들으려는 이들을 돕기 위해 자기 나름대로 중개를 시도할 것이다.

그는 "당신에게는 성서가 아무 말도 안하지요. 내가 일러드리리다"라고 말하는, 성직자 특유의 교만도 포기할 것이다. 그리하여 있는 그대로의 자기 신앙을 증거함에 부끄러워하지 않을 것이다. 그는 청중으로 하여금 성서 본문의 말씀을 직접 해독하도록 이끌어줄 것이다. 이리하여 청중은 그 말씀을 그들의 현재 상황에 직접 적용하는 법을 배우게 되고, 나아가 육화된 말씀을 일상생활의 면면에서 발견할 수 있게 되는 것이다. 나는 암브로시오가 당대의 그리스도인들에게 한 말이 오늘날에도 의미심장한 교훈이 된다고 믿는다: "왜 여러분은 성서를 읽는 데에 넉넉한 시간을 바치지 않습니까? 여러분은 그리스도와 함께 시간을 보내지 않습니까? 그분을 찾아 뵙지도 그분의 말씀을 듣지도 않습니까? 성서를 읽는다면 그것은 곧 그리스도의 말씀을 듣는 것입니다!"[7]

우리를 당혹하게 하는 또 다른 원인은 교회의 "기초 공동체"들과 본당의 열심한 성서 공부 모임들에서 성서를 사용하고 있는 방법이다. 여기서는 독서가 영적으로 성장하기 위해 만들어진 모임의 중심이며 많은 경우 성직자가 주도하기보다는 대화적인 분위기로 진행되고 있지만, 경청과 개인적 통찰의 노력은 결여되어 있다. 실천적 노력을 극단적으로 강조하는 한편, 통상 모임의 생활에 직결되는 자극적인 주제들을 담은 성서 단락을 선택하기 때문에 성서 말씀의 사용이 위험하고 파당성을 띠게 된다. 평화, 사회정의, 폭력과 비폭력, 결혼, 자유와 인권 등의 주제에 너무도 쫓긴 나머지, 특정한 말씀을 차별적으로 선호한다. 그리고 같은 성서에 담긴 다른 메시지들을 고려하지 않는 말씀의 선택을 정당화하기까지 한다.

일찍이 요한 크리소스토모는 성서를 이런 식으로 이용하는 것을 신랄하게 비판했다: "사람들 사이에 퍼져버린 냉담함은, 성서를 전체적으로 읽기보다는, 더 쉽고 유익해 보이는 부분을 선택하여 읽고 다른 부분은 고려하지 않는 데서 온다. 이처럼 성서에 중요한 부분과 부차적인 부분이 있다고 믿는 데서 이단들도 생겨났다."[8]

이 "채집"식의 독서는 말씀을 어떤 목적에 이용하기 위한 수단으로 삼도록 조장한다. 그래서 성서를 이념이라든지 세상의 문제의식의 빛으로 해석하도록 몰아간다. 이리하여 결국 하느님의 말씀이 신앙인의 의식 속에 시대의 징표를 뚜렷이 드러나게 비추어주는 것이 아니라, 거꾸로 이념이 복음을 특정 방향으로 몰아가게 되는 것이다. 여기서는 말씀에 현실성과 내용을 부여해 주는 듯이 보이는 역사적인 사건이면 무엇이나 다 "시대의 징표"라 부른다. 더 나아가 이미 특정 경로를 통하여 파악된 것 이외의 어떤 다른 시대의 징표라든지 시대 비판이니 판단이 솟아날 수 없다. 결국 사회학적이거나 심리학적인 이념을 토대로 미리 정의되고 선택되고 해명된, 소위 시대의 징표라는 것들을 성서 안에서 읽어내려는 이들에게서 고대의 "점치기" 유혹이 다시 나타나게 되는 것이다.

이 모든 경우에 하느님의 말씀을 기도로 만들려는 노력은 거의 보이지 않는다. 기도는 상황 분석에 밀린 나머지 너무도 자주 설 자리를 잃어버리고 있다. 이런 방식의 독서는 회개를 불러일으키지도 못하거니와, 그리스도 안에서의 영적 성장을 낳는 말씀의 효력을 지니지도 못한다. 그리하여 단지 지적이고 사회학적인 수준에만 머물고 말 위험에 빠지는 것이다. 토론 때, 특히 복음서의 몇몇 윤리적 본문의 경우, 하느님의 말씀을 근거로 삼고자 한다면 특정한 성서 구절들을 "짜깁기"해서는 안된다. 이런 "짜깁기식"은 통상 구호처럼 선동적이고 신랄한 일종의 문학 유형 속에 모여져서 얼핏 듣기에는 그럴듯하지만, 전체적인 독서를 가로막아 결국 주님의 말씀을 일방적으로 해석하게 만든다.

당혹감을 불러일으키는 또 하나의 독서법은 소위 "묵상"에 토대를 둔 것으로, 특히 성서를 매일 읽는 곳에서, 즉 수도생활에서 많이 발견되는 것이다. 15세기까지 교회의 기도생활을 아름답게 수놓았던 풍요로운 전통의 거룩한 독서 Lectio Divina[9]에 비하면 이미 말한 두 가지 방법은 빈약하기 그지없다. 솔직히 이 "묵상"법은 이냐시오식 방법으로 왜곡되었으며 지성주의와 심리주의에 지나치게 의존하고 있다. 복잡한 체계로 구축된 이런 묵상 방법은 강한 의지적 노력을 강조하여 신앙인을 관상가라기보다 "훈련생도"로 만든다. 그럼에도 불구하고 바로 이런 방법을 수도 공동체들이 통상 쓰고 있는 것이다.[10]

유감스럽게도 묵상은 너무도 자주, 감정 위주의 성찰과 감성을 자극하는 생각의 훈련으로 간주되고 있다. 마음이 뜨거울수록 더 강렬해진다고 믿는 이른바 "정신적 발산"과 "열심"을 얻기 위한 정신의 훈련으로 간주되고 있는 것이다. "근대적 신심"devotio moderna[11] 특유의 이 묵상은 "사람 중심", "자아 중심"이라는 심각한 결함을 안고 있다. 여기서 추구하는 것은 순전히 내면성이요 마음의 움직임에 대한 통제이다. 주의해서 살필 일이거니와, 오늘날 자아중심적인 영성은 다시 살아나서 방법상 "쇄신적응"의 상태에 있다. 달라진 것이 있다면, 그 주제가 과거에는 "마음의 움직임"이었지만 오늘날은 "무의식의 건강"이나 "더 깊은 자아에 도달하기" 혹은 "자기 비움" 따위로 바뀌었다는 사실뿐이다. 자아중심적 영성의 이 방법은 우리를 언제나 내면에 폐쇄적으로 머물게 하여 자유롭게 해주지 못한다. 그러므로 그리스도인은 이런 유類의 묵상을 멀리해야 한다. 이것은 진정한 묵상과는 전혀 무관하다. 진정한 묵상은 언제나 "하느님 중심"이고 "그리스도 중심"이지, 결코 자기자신을 중심에 놓지 않는다.

진정한 그리스도교 묵상은 무엇보다도 무언가를 얻기 위해 실천하는 것이 아니다. 얻는 일이 생긴다면 그것은 덤일 따름. 진정한 묵상은 언제나 단 하나의 목표, 즉 하느님과의 친교가 성장하는 일만을 겨냥한다. 그리고 이 친교는, 감각을 해방시키고 마음 깊은 곳으로 내려가, 거기서 존재와 행위의 원천이 되는 일치를 찾고, 그리하여 하느님과의 관계 안으로 들어가는 데서 발견된다. 우리는 하느님을 "타자"他者이신 분과의 친교로 체험하며, 또 우리를 이끌어주시고 비추어주시는 분은 바로 하느님 자신이시다. 이렇게 하느님께 시선을 고정시켜야 할 그리스도인이 자기자신에게 집중한다는 것은 어불성설이다.

오늘날 수도생활에서 거룩한 독서의 내용과 낱말 자체가 거의 잊혀지고, 단지 엄격한 의미의 수도승 생활 ― 베네딕도회와 시토회 ― 에만 남아 있는 것은 유감스런 일이다. 베네딕도의 규칙서는 수도 공동체를 "주님을 섬기는 학원"이라고 한다. 그리고 묵상이란, 말씀을 읽고 또 읽는 것이요, 읽은 것을 되뇌고 웅얼거리고 다니는 것이며, 되씹고 소리내어 읊는 것이요, 정신에 붙박아두고 마음속에 새기는 것이라고 말한다.[12] 이로써 도달하고자 하는 곳은 스콜라식의 논증도, "근대적 신심"이 추구하는 감흥도 아니다. 그것은 기도요 관상이며 나아가 하느님의 일이다. 거룩한 독서는 수도승들의 전유물이 아니다. 그러므로 각 수도회는 거룩한 독서를 자기 수도회 고유의 전통과 맞지 않은 어떤 것처럼 본다거나 자기 수도회 고유의 기도와 신심 형태(예컨대 성체조배, 묵상, "묵상기도"oración mental 등)와 "병존"하는 데 문제를 불러일으키는 어떤 것으로 보아서는 안된다. 거룩한 독서는 성서로 하는 것이지 아무 영성 서적이나 교부들의 저서로 하는 것이 아니다. 이 거룩한 독서는 수도생활에서 말씀이 중심되는 자리에 서도록 하며, 수도자의 실존에 말씀이 통치권을 행사하게 하고, 말씀으로 하여금 모든 그리스도교적 기도에 영감을 불어넣는 기준이 되도록 해준다. 수도생활이 효과적으로 쇄신될 수 있도록 도와주는 것이다. 오늘날 수도생활은 너무나 쉽사리 그 원동력과 알맹이를 잃어버리거나 많은 사업들에 파묻혀 길을 잃어버린 상황에 처해 있다. 여기서 거룩한 독서는 수도생활이 본질로, 그리고 그리스도 중심의 기초로 되돌아갈 수 있게 해주는 전기가 될 것이다. 그리하여 수도생활이 자신의 참된 존재 이유라 할 "하느님 찾기"의 정신으로 되돌아갈 수 있게 해줄 것이다.

마지막으로 지적하고 넘어가야 할 것이 있다. 성서를 끊임없이 자기의 중심이자 기준으로 삼으려고 노력하지 않는 곳에는, 또한 거룩한 독서를 진지하고도 열심히 실천하지 않는 곳에는, 감상적인 신심형태와 지적 사변에 머무는 건조한 신학적 사색만 남게 된다는 사실이다. 이때에는 신앙인의 관심과 주의가 그리스도교 메시지의 파생적이며 이차적인 측면으로 이동하는 일이 늘 생긴다. 나아가 여기서 개인주의가 똬리를 틀게 되고, 공동체적 감각을 상실하게 된다. 뿐만 아니라 어떤 대가를 지불하더라도 무조건 혁신을 추구하는 취향이 생기고, 전통의 살아 있는 생명력을 상실해 버리며, 나름대로 파악한 시대의 징표를 우상화하는 일이 생기게 되는 것이다.

교회 안에서 가시적인 직무를 맡은 사람들이 거룩한 독서로 양성되지 않거나 말씀의 샘으로 되돌아가지 않는 한, 강론과 교도권과 사목의 분야에서 수필류의 글에나 친숙한 교과서적 인간으로 드러나게 된다. 확신도 없을 뿐더러, "강하고 권위있는" 말 한마디 내놓지 못하면서도 율사들처럼 말하기 좋아하는,[13] 문제의 소지가 있는 인간으로 드러난다. 자기가 선포하고 있는 복음을 자주 부끄럽게 여기면서 말이다.[14] 귀기울여 듣고 받아들이고 간직하고 묵상한 말씀만이 해방의 결단, 선구적 결단을 내릴 수 있는 예언자를 창조한다. 이때에 비로소 이 세상과 인류에 충실하며 우리에게 하느님을 이야기해 주는 사람들이 창조되는 것이다!

이러한 당혹감들 때문에 필자는 거룩한 독서에 관한 몇 가지 실마리를 제공하려는 마음을 품게 되었다.

이런 실마리들의 출처는 무엇보다도 먼저 거룩한 독서에 관한 동서방의 오랜 전통, 특히 교부 전통이다. 다음으로는 필자가 사는 공동체의 산 체험이 그 출처이다. 마지막으로, 말씀에 다가가는 방식에도 반영되지 않을 수 없는 우리 시대 신앙인의 상황 역시 이 사색의 출발점이 되었다.

오늘날 우리는 교부들의 방법에 따라 묵상에 들어가기가 분명히 쉬워졌다. 왜냐하면 현대 심리학과 성서의 심리학은 서로 만나기 때문이다. 오늘날은 이원론의 시각에서 사람을 영혼과 육신으로 분리시켜 생각하지 않는다. 오히려 인간은 갈라지지 않은 "전체"로서, 이미 형성되어 있다기보다는 "스스로를 형성해 나가는" 존재라고 보고 있다. 이런 관점에서 사람은 내면적 영역으로 영혼이라는 것을 지닌다기보다는, 역사 속에 자리잡고 있는 삶을 지닌다고 보는 것이다.

인간의 삶은 역사다. 이 말은 사람이 타인과 사회생활에 의해 결정된다는 것을 뜻한다. 그리고 세상에 대한 자기 행위와 반응으로써 스스로를 규정하는 존재라는 사실을 뜻한다. 결국 영성은, 그리고 지금 우리가 말하는 "묵상"은, 우리 안으로 들어가는 내면 지향의 하강도, 높은 곳을 향한 개인적인 상승도 아니다. 그것은 세상 안에 살면서 하느님을 향해 나아가는 순례이다. 그러므로 묵상은 사람들을 껴안고, 또한 사람들을 위하여 실천해야 한다.

이미 말한 바이지만, 성서를 살아 있는 말씀으로 대해야 한다. 즉, 그 깊은 뜻을 궁구하면서, 성서 말씀이 역사와 교회와 우리 자신의 삶을 어떻게 인도하고 있는지를 찾아야 한다. 말씀은 하느님의 힘으로서[15] **현재의** 모든 상황을 판단한다.

그렇다면 성서가 씌어진 당시의 배경에 대한 지식뿐 아니라 우리의 현재를 겨냥하는 살아 있는 메시지를 얻어낼 수 있어야 한다. 그러기 위해서 우리는 어떤 방식으로 성서에 다가가야 하는가?

하느님께서는 역사의 한 특정한 순간에, 한 구체적인 장소에서, 그리고 한 특정한 문화권 안에서 말씀하셨다. 그렇다면 계시와 역사의 관계를 어떻게 알아들을 것인가? 여기서는 성서 본문을 더 분명하게 이해하도록 도와주는 몇 가지 사실을 상기하면 충분하리라고 본다.

우선 **계시는 역사를 통해 발생했다**는 사실을 상기하자. 계시의 메시지는 정치적이고 경제적이며 개인적인 사건들로부터 유래한다. 성서는 교의적인 명제들을 제공해 주려 하기보다는, 오히려 하느님의 역사하심과 "우리 사람들을 위한" 그분의 행동을 보여주고 증언한다.

이 계시는 한 역사적인 사건의 "독해"라고 할 수 있다.[16] 이 사건에 대하여 공동체와 예언자는 신앙과 성령 안에서 "묵상"하고, 거기서 하느님의 개입을 깨닫는 것이다. 나아가 하느님의 이 개입은 이제 "기도"를 통한 찬양의 동기가 된다.[17]

성서 안에서 우리가 만나는 계시는 거룩한 독서의 진행 과정과 유사한 과정을 거쳐 탄생했다. 거룩한 독서에 "독서-묵상-기도"의 단계가 있듯이, 계시는 "한 사건의 독해— 그 사건에 대한 묵상— 그 사건으로 말미암은 기도"라는 과정을 거쳐서 탄생되는 것이다. 이런 식으로 계시는 성서 안에서 구체적인 하나의 언어로 살을 입고 역사적인 말씀이 되어 영원한 증언으로 정착되는 것이다! 이런 이치를 유념하고 있어야 한다. 따라서 성서가 씌어진 언어와 오늘날 우리의 언어 사이를 중개해야 할 필요가 있다는 사실을 잊지 말아야 한다. 또한 메시지에 따라붙는 우연적인 겉포장에 해당하는 부분과, 그 안에 든 계시의 불변성에 해당하는 부분을 구분해야 한다는 사실을 잊지 말아야 한다. 그러나 말씀은 역사적이기도 하지만 나아가 **역사를 지니는** 것이기도 하다는 사실에 주의를 기울이지 않는다면 이 모든 것이 불충분한 이야기가 되어버린다.

인간에게 건네시는 "하느님의 이야기"는 시간 안에서 생기는 것이다. 이 하느님의 이야기는 진리의 양을 확장시키는 것이 아니라, 근본적인 통찰에 담긴 진리를 점진적으로 동화(同化)하고 명백히 해나가는 과정이다. 이런 근본적인 이치로, 바로 이런 하느님의 이야기로 늘 거슬러올라갈 필요가 있는 것이다. 이를 위해 우리 신앙인은, 성서의 역사적 배경을 이해하는 것으로 독서의 출발점을 삼아야 한다. 그리하여 성서가 대답을 제시하고자 하는 그 시대 사람들의 질문과 요구가 무엇인지를 밝히며, 한 성서 단락이 문제삼고 있는 구체적 상황을 파악하는 데까지 나아가야 하는 것이다. 물론 이 작업은 각자의 능력이나 각자가 지닌 도구에 맞추어 진행된다. 그런 다음 즉시 **전체적인 독서**, 그리고 **찬양에 찬 독서**로 나아갈 것이다. 다시 말해 역사적 독서로 말미암아 얻은 메시지를 다른 모든 계시들과 함께 하느님의 전체 계획 속에, 구원의 전 역사 속에 자리잡게 해야 하는 것이다.

필자는 이렇듯 역사적 전망을 감안하는 쇄신된 형태의 거룩한 독서에 대해 이야기하고 그 방법을 제시해 보고자 한다. 그렇다고 이 방법이 절대적이라는 것은 아니다. 필자는 오히려 경청과 기도의 방법은 사람에 따라 다르며 각자에게 맞는 방법을 일러주시는 분은 성령이라고 확신하고 있다.

사실 시작할 때의 열정이 식은 후, 이리저리 시도해 본 끝에 지친 나머지 "말씀으로 기도하기"가 불가능하다고 호소하는 이들이 많다. 기도를 어떻게 하는지 가르칠 수 있노라 감히 내세우는 것은 아니다. 다만 필자가 지금까지 배워온 바를 전해 드리고 싶을 따름이다. 그리고 "말씀을 사랑"[18]하며 "말씀의 시종"[19]이 되려는 모든 신앙인들과 함께 필자 스스로도 이런 노력을 계속해 나아갈 수 있기를 바란다.

이제 "말씀에서 샘솟는 기도"라고 할 수 있는 거룩한 독서를, "삼위일체적"이라고 일컫고 싶은 방법을 통해 소개해 보겠다. 거룩한 독서가 삼위일체적인 이유는 기도도 우리의 삶도 삼위일체적이기 때문이다. 사실 성령께서는, 그리스도를 찾는 가운데 한 분이신 하느님을, 우주의 주님을 관상하도록 우리를 부추기시지 않는가?

주

[1] 우리의 「매일미사」와 비슷한 책을 뜻한다 ─ 역자 주.
[2] 루가 1,2.   [3] 사도 26,16.   [4] 1고린 4,1.
[5] 사도 6,1-4.   [6] 2베드 2,19 참조.
[7] 암브로시오. *De officiis ministrorum* 1,20,88 (PL 16,50A).
[8] 요한 크리소스토모. *Sermo I in illud: "Salutate Priscillam et Aquilam"* (Rm 16,3) (PG 51,187).

1. 오늘날 하느님 말씀에 다가가기   33

⁹ 렉시오 디비나(Lectio Divina)란 단어는 렉시오 사크라(Lectio Sacra)와 함께 이미 4~5세기부터 여러 교부 문헌 및 수도승 문헌에서 널리 발견되는 표현이다. 우리말로는 비교적 오래전부터 한국 베네딕도회 수도자들을 중심으로 "성독"(聖讀)이라는 훌륭한 시역어(試譯語)가 사용되어 왔으나, 이 책에서는 거룩한 독서라고 표기하기로 한다. 더 우리말다운 표현이라는 이유 외에도, 최근 일반에 비교적 널리 알려져 더 많은 언어 대중이 선호하는 단어로 정착되어 가고 있다는 단순한 이유 때문이다. 고대와 중세의 여러 문헌에 드러난 표현 자체의 용례에 대해서는 이미 고전이 된 H. de Lubac, *Éxégèse médiévale. Les quatre sens de l'Écriture*, t.I, Paris 1959, 82-8과, J. Leclercq, *Étude sur le vocabulaire monastique du moyen âge*, Roma 1961, 131-9; M. Magrassi, *Bibbia e preghiera*, Milano 1974, 33-40 등을 참조하기 바란다 — 역자 주.

¹⁰ 현재 진행중인 수도생활 쇄신의 단계에서 보면 교부 전통의 거룩한 독서를 명시적으로 권면한 수도회는 단지 탁발 수도회들뿐이었음이 드러난다. 특히 예수회가 제31차 총회에서 거룩한 독서를 분명히 권한 바 있다.

¹¹ 근대적 신심(devotio moderna)이란 14세기 중엽 현재의 네덜란드 지역을 중심으로 생겨나 교회의 영성 생활 전반에 깊은 영향을 끼친 영성 사조의 통칭이다. 지나친 사변화와 신비화의 흐름에 맞서, 그리스도의 인간성에 토대를 두고 실제적으로 그리스도를 본받는 가운데 내적 생활을 함양하려는 근대적 신심의 주조(主調)는 묵상과 기도를 조직적으로 체계화하려는 경향으로 연결되었다. 그리하여 이후의 이른바 묵상기도(oración mental)를 비롯한 여러 묵상 방법들이 탄생한 출처가 되었다. 그 결과 영성 생활은 강한 개인주의적 성향과 함께 내면 관찰 위주의 심리적 경향을 띠게 되었다는 것이 저자의 관찰이다. F. Vandenbroucke, *La spiritualité du Moyen Âge*, Paris 1961, 554; P. Debongnie, "Dévotion moderne", in *Dictionnaire de Spiritualité*, T.3, coll. 727-47(특히 743) 참조 — 역자 주.

¹² 성 베네딕도, 수도규칙 4,55-56; 48; 49,4 참조.

¹³ 마태 7,28-29.   ¹⁴ 로마 1,16; 2고린 3,12; 4,2 참조.

¹⁵ 로마 1,16 참조.   ¹⁶ 에즈 12,37; 루가 24,2-3 참조.

¹⁷ 에즈 15,1 이하; 루가 24,34 참조.

¹⁸ 시편 119,97 참조.   ¹⁹ 루가 1,2.

2
하느님의 말씀

성서는 하느님의 말씀을 담고 있는 책이다. 따라서 성서는 결코 우리 영성생활에서 어떤 이념의 표현으로 이해되어서도 안되며 신학이나 교리교육을 위한 참고서 정도로 축소되어서도 안된다. 성서는 인간을, 인간 각자를 향한 하느님의 메시지로서, 인간이 개인적으로 하느님을 알라는, 그리스도와 만나라는, 그래서 더이상 자기 자신을 위해서가 아니라 그분을 위해 살라는 호소인 것이다.

성서는 우리에게 하느님의 말씀을 건네주는 것이므로, 성령의 인도를 따라 그 속내를 꿰뚫어 읽어야 한다. 성서는 하느님께로부터 와서 하느님께로 인도하는 말씀이라는 믿음으로 다가가며 읽어야 하는 것이다. 성서 연구가 발전했고 그 성과가 그리스도인들 사이에 널리 알려져 있지만, 말씀은 여전히 열매를 맺지 못하고 있는 상태임을 고백하지 않을 수 없다. 말씀이 열매를 맺지 못하는 주된 이유는 아마도 말씀에 접근하는 우리의 근본 태도가 체험적이기보다 지성적이고, 성서적 의미에서의 "지혜"를 추구하기보다 사변을 추구하고, 기도로 이어지기보다 성찰에 머무르기 때문일 것이다.

새로운 발상을 얻기 위해서나 혹은 지식을 축적하려는 의도로 성서에 다가가서는 안된다. 우리가 성서를 펼친다는 것은 말씀하시는 하느님 앞에 듣는 이로 서 있다는 의미다. 따라서 말씀하시는 하느님과 듣는 우리 사이에는, 우리 편에서의 헌신이 필요하다. 다시 말해 우리는 하느님과 "계약"을 체결하기 위하여 성서에 다가가야 하는 것이다.

하느님의 말씀은 생명의 말씀이다. 달리 말하면 말씀은 하느님 안에 있는 생명을 전달해 주는 도구이다. 이 말씀 없이는 우리 안에 있는 그리스도의 생명을 결코 증언할 수 없으며, 삼위일체의 신적 생명으로 사는 일도 불가능하다. "말씀" ─ 히브리어로 *dabar* ─ 이란 단어의 어원은 사물의 밑바닥, 즉 사물 속에 숨어 있는 핵심을 뜻한다. 말한다 함은 사물 안에 있는 것을 표현함이며, 사물의 배후에 숨어 있는 것을 드러내보이고 활성화시킴이다. 사물 속에 숨은 그것이야말로 그 사물의 가장 깊고 역동적인 실재요 소명과 같은 것이다. 하느님께서 말씀하실 때에는 사물을 창조하시며 무無로부터 솟아나게 하신다. 하느님께서 사물들에 이름을 붙이시는 것은[1] 그들을 지배하시고 그들 위에 당신의 능력을 펼치신다는 뜻이며, 그들의 고유한 소명을 실현하도록 이끄신다는 뜻이다. 그분의 말씀은 효력 없이 되돌아가는 법이 없기 때문이다.[2]

이렇듯 말씀에 대한 히브리적 사고방식은 우리가 그리스 문화에서 물려받은 통상의 개념과는 사뭇 다르다. 히브리적 관점에서 보면 말씀은 늘 효력을 발휘하며, 강한 힘을 지닌다. 그리고 행동과 반대되기는커녕 행동을 본질적 구성 요소로서 자기 안에 포함하고 있다.

그러므로 우리가 성서에서 발견하는 것은, 생명과 인간과 역사에 관한 논술이 아니다. 그것은 그 모든 것의 속깊은 실재요, 이 실재를 관장하며 이 실재 안에 존재하는 하느님의 초월적인 권능인 것이다. 하느님의 말씀은 한낱 한 권의 책이나 저술의 집성이 아니다. 그것은 "씨앗",[3] 즉 생명을 품고 있는 그 무엇이다.[4] 그래서 씨앗이 지닌 생명으로 하여금 하느님 나라의 큰 나무가 되도록 성장시키는 그 무엇이다. 말씀은 개인의 삶 안에서뿐 아니라 역사 안에서도 싹이 트고, 세상을 새로운 현존으로 채우면서 자라난다. 말씀은 받아들이는 이들에게 일용할 양식을 주며 이들을 양육한다. 그러기에 말씀은 또한 거룩하게 하는 것이다. 그리고 단순한 이들에게도 지혜를 주고[5] 사물을 그 궁극의 완성으로 이끌면서[6] 사물의 비밀을 드러낸다. 그러므로 빛을 비춘다고 할 수 있는 것이다.[7]

말씀을 통해 하느님께서는 모든 것을 창조하셨다. 말씀은 창조 이전부터 하느님 곁에 있었으며, 창조 때에는 당신 힘을 피조물들에게 부어넣고 당신의 인호를 새기면서 설계자로서 그분과 함께 계셨다.[8] 이 말씀은 하느님의 도구로서, 야곱에게[9] 혹은 세상 안에[10] 던져져, 온 땅을 빠르게 내달리면서 인간의 역사를 구원의 역사로 변모시킨다.[11]

말씀은 모든 것 안에 새겨진 하느님의 뜻이요, 살아 있는 모든 것들의 유일한 원천이다. 바로 이때문에 하느님의 말씀은 우주를 채운다고 일컫는 것이다. 우리는 하느님의 말씀 안에서 태어나고, 살아가며, 움직이고 존재한다.[12] 말씀은 모든 것을 이끌어가면서 모든 것 속에서 모습을 드러내기 때문이다. 우리가 그분의 말씀을 듣고 (말씀을 가리고 있는) 너울을 벗겨낸다면 참되고 깊은 실재를 발견하게 된다. 그리고 밥상에서까지,[13] 즉 밥을 먹는 이 지극히 보편적인 행위에서까지 우리와 통교하시는 만물의 조성자 앞에 서 있음을 우리는 불현듯 깨닫게 된다.

이런 일이 단지 창조의 차원에서 사물이 받은 심오한 소명으로 말미암아서만 생기는 것은 아니다. 이것은 하느님의 말씀이 예수 안에서 보이는 모습으로 우리 가운데 현존하기 때문이기도 하다. 사실 이 말씀은, 혹은 이 신적 지혜는, 세상 창조 때부터 자기집중의 과정을 시작하여, 살을 입고 예수라는 이름을 지닌 사람이 되기에 이르렀던 것이다.

말씀은 우주적인 것이었으나, 아브라함과 이사악과 야곱에게 주어진 계시 속으로, 다시 말해서 유대적 계시 속으로 집약되었다. 본성상 천상적인 분이 예루살렘이라는 한 도시 안에 쉴 자리를 마련하시고 사람들 가운데 거처를 정하셨다.[14] 우리에게 가까이 계시어, 우리가 실천할 수 있도록 우리 입에 있고 우리 가슴속에 계시다.[15] 영원하신 분이 예수 안에서 시간의 지배를 받는 존재가 되셔서 우리와 똑같은 인간이 되신 것이다. "말씀이 육신이 되시어 우리 가운데 거처하셨다."[16] 그리고 안티오키아의 이냐시오가 말하듯, "침묵 속에 숨어 계시던 말씀께서 우리 가운데로 나오셨다".[17] 그러므로 말씀은 이름을 지닌 위격이 되셨다. 또한 하느님의 거울이요 보이지 않는 하느님의 모상이 되셨다.[18] 그래서 아우구스티누스도 "이제 성서에서 그리스도의 이름이 메아리치지 않는 곳은 아무데도 없다"고 했던 것이다.[19]

그뿐 아니다. 아브라함으로부터 묵시록의 환시 보는 이에 이르기까지, 사람들에게 계시되고 성서에서 증언된 말씀 안에서가 아니라면 오늘날 우리가 어떻게 하느님의 말씀을 받아들일 수가 있겠는가? 아드님을 통하지 않고서는 하느님을 만날 수 없는 것과 같은 이치이다.[20] 사실 우리는 성찬례에서 그리스도를 받아모시듯 성서에서 그분을 받아모신다. 성서는 단지 그분을 증언하는 데 그치지 않고 그분 안에서 완성과 실현을 보기 때문이다. 이것에 대해 예로니모는 명쾌하게 통찰하여 "우리는 성찬례에서뿐 아니라 성서 독서 중에도 역시 그리스도의 살을 먹고 그분의 피를 마신다"고 말하고 이어서 "나는 복음이 그리스도의 몸이라고 생각한다"고 단언했다.[21] 이때문에 "우리는 마치 그리스도의 몸에 다가가듯 성서에 다가가야 한다".[22]

성서 안에서 인간의 말이 된 하느님 말씀의 육화는 — 이는 예수 그리스도 안에서 완성되었거니와 — 구원 역사의 모든 차원에서 발견되는 육화와 동일한 것이다. 사실 신구약의 모든 성서에서 발견되는 것도 이와 동일한 육화이다.

결국 그리스도께서는 하느님의 모든 계시를 포괄하는 유일한 말씀이시다. 바울로는 그리스도께서 모든 약속의 확증이 되시는 분이라고, 그리스도 안에서 그 약속의 진실성이 밝혀졌노라고 말한다.[23] 여러 번 여러 모양으로 말씀하셨던 하느님은[24] 마지막 때에 결정적으로 그리스도 안에서 우리에게 말씀하신 분이다. 그래서 리옹의 이레네오도 당연히 그리스도께서는 "당신 안에 사람의 긴 역사를 총화(總和)하시고 구원을 보상으로 가져다주셨다"고 말할 수 있었다.[25] 따라서 신구약을 막론하고 성서를 펼칠 때 우리는 단 하나의 책 앞에 서 있는 것이다. 그리고 "이 유일한 책은 바로 그리스도이시다. 모든 성서는 우리에게 그리스도에 대해 이야기해 주기 때문이며, 또 모든 성서는 그리스도 안에서 완성되기 때문이다".[26] 바로 이러한 관점으로 성서를 봉독할 때 우리는 얼굴에서 너울을 벗겨내는 사람이 되고,[27] 성서 안에서 그리스도를 알아챌 줄 아는 사람이 되는 것이다.

니콜라스 카바실라스는 성서를 일컬어 "그리스도의 자기 표현"이라고 했다. 이 말은 성서가 그리스도로 하여금 몸소 말씀하시게 한다는 뜻이고, 우리 눈과 마음을 그분의 현존으로 꽉 채우라고 우리에게 요구한다는 뜻이다. 아지오리트의 니코데모가 지적한 대로, 우리는 기록된 말씀으로부터 "실체적 말씀"으로 옮겨갈 때에만 진정한 목적지에 도달하게 된다. 성서가 교회에 주어진 이유가 바로 여기에 있다.

요컨대 거룩한 독서는 그리스도를 찾는 데에 있다. 그래서 아우구스티누스는 그리스도를 "내가 성서에서 찾는 그분"[28]이라고 말한다. 거룩한 독서는 "쪼개진 말씀을 신비스럽게 먹는 것"[29]이며 "파스카의 어린양을 먹는 것"[30]이다.

이것은 거룩하고 신적인 독서다. 그러나 "독서"라는 번역은 확실히 빈약한 표현이다. 그것은 단순히 "읽는다"는 것 이상의 뜻을 담고 있다. 반면에 "연구"라는 말은 너무 지성적이다. 또한 지나치게 신심주의적이고 의지 중심의 "묵상"과도 다른 것이다. 그래서 이 책에서 우리는 거룩한 독서라는 표현을 고수하고, 이를 풀이하는 말로는 "기도와 함께 접하는 말씀" 혹은 "말씀으로 기도하기"란 표현을 선호한다.

주

[1] 창세 1,5.8 참조.　　[2] 이사 55,10-11; 창세 1,1-31 참조.
[3] 마태 13,19 참조.　　[4] 신명 32,47 참조.　　[5] 시편 119,130 참조.

⁶ 요한 17,17; 사도 19,20; 히브 4,12; 1베드 1,23; 루가 8,11; 마르 4,13-20.26-32 참조.
⁷ 시편 119,105 참조.   ⁸ 잠언 8,30 참조.   ⁹ 이사 9,7 참조.
¹⁰ 시편 147,15 참조.   ¹¹ 시편 19,5; 로마 10,18; 2데살 3,1 참조.
¹² 사도 17,28 참조.   ¹³ 묵시 3,20 참조.   ¹⁴ 집회 24,1-2 참조.
¹⁵ 신명 30,14 참조.   ¹⁶ 요한 1,14.

¹⁷ 안티오키아의 이냐시오, *Ad Magnesios* VIII,2 (PG 5,669). 여기서는 J.B. Lightfoot – J.R. Harmer가 편찬한 *The Apostolic Fathers*, London 1891, 114와 D.R. Bueno, *Padres Apostolicos*, Madrid 1979, 463의 독법을 따랐다. 이냐시오는 또한 *Ad Ephesios* XIX,1 (PG 5,659)에서 이렇게 말하고 있다: "이 세상의 한 처음에 마리아의 동정성과 그 출산, 그리고 주님의 죽음은 비밀에 붙여져 있었다. 이것은 하느님의 침묵 속에서 이루어진 세 가지의 크나큰 비밀이다." 같은 책 XV,1 (PG 5,657)에는 이런 표현도 보인다: "모든 것을 말씀하신 분은 단 한 분의 스승이시다. 그래서 모든 것이 이루어졌다. 묵묵한 중에 행하신 일은 아버지께 맞갖은 것이다."

¹⁸ 지혜 7,26; 골로 1,15 참조.

¹⁹ 아우구스티누스, *Enarr. In Ps.* CXXXIX,3 (PL 37,1804): *Enrr, In Ps.* LXI,18 (PL 36,742)도 참조할 것.

²⁰ 마태 11,27 참조.

²¹ 예로니모, *Breviarium in Ps.* CXLVII (PL 26,1334B). 예로니모의 *In Ecclesiasten* III,13 (PL 23,1092A) 역시 참조할 것. 말씀과 성찬의 관계에 대해서는 아우구스티누스, *In Ioannis Evangelium* IX,1-17 (PL 35,1458-1466); 요한 크리소스토모, *In Genesim* VI,1 (PG 54,607); 도이츠의 루페르트, *In Matthaeum* V,6 (PL 168, 1433A); 오리게네스, *In Exodum* XIII,13 (PG 12,391AB) 등을 참조할 것. 마지막에 언급한 오리게네스의 경우 출애 35,4-5를 주석하고 있는데 이는 여기서 상세하게 인용할 만한 가치가 있다: "여러분은 말씀들이 여러분의 손을 벗어나서 그만 잃어버리게 되는 일이 있을까 조심하며 여러분 안에 거룩한 말씀들을 받아들이고 간직하고 있는지를 살펴보시오. 여러분의 종교적 관례에서 취한 예로써 이 점에 대해 타일러 드리고 싶습니다. 신적 신비들(미사를 뜻함 — 역자주)에 정규적으로 참여하는 여러분은, 조각 하나라도 떨어지지 않도록, 축성된 성체의 한 부분이라도 잃어버리지 않도록, 여러분에게 나누어지는 주님의 몸을 얼마나 깊은 종교적 정성으로 받아들이고 있는지를 알고 있습니다. 사실 여러분은 소홀함으로 말미암아 혹시 한 조각이라도 잃게 된다면 죄책감을 느낍니다. 그것은 당연합니다. 그런데 그분의 몸을 대함에 있어 그토록 조심스러워한다면, 하느님의 말씀에 대한 소홀함 역시 그분의 몸에 대한 소홀함보다 덜한 죄를 받게 된다고 믿는 일이 어찌 가능하겠습니까?"

²² 안티오키아의 이냐시오, *Ad Philadelphenses* V,1 (PG 5,700C).

²³ 2고린 1,19 이하 참조.   ²⁴ 히브 1,1-2 참조.

²⁵ 리옹의 이레네오, *Adversus haereses* III,18,1 (PG 7,932B).

²⁶ 생 빅토르의 우고, *De arca Noe morali* II,8 (PL 176,642CD). 텍스트는 다음과 같이 이어지고 있다: "… 그래서 그리스도의 행적을 이미 아는 우리는 성서를 읽으면서 그분의 말씀과 계명을 찾는다. 이로써 우리는 그분께서 우리에게 명하신 바를 행하고 약속하신 바를 받기에 합당하다고 느끼게 되는 것이다"(PL 176,642D).

²⁷ 2고린 3,12 이하 참조.

²⁸ 아우구스티누스, *Confessiones* XI,2.3-4 (PL 32,810-811) (최민순 역 『고백록』, 서울 1992², 314).

²⁹ 오리게네스, *Commentariorum in Matthaeum* series 85(마태 26,26 이하에 대해: PG 13,1734AB).

³⁰ 나지안즈의 그레고리오, *Oratio* XLV,16 (PG 36,544 이하).

3

말씀의 전례

말씀의 영성적 의미에 대해 지금까지 기초적인 사항을 간략히 살펴보았다. 이제 우리는 구약의 한 장면, 즉 거룩한 독서에 대해, 특히 그 몇몇 원리에 대해 이야기해 주는 유일한 장면이라 할 수 있는 느헤미야 8장을 살펴보자.

여기서는 유배에서 막 돌아온 이스라엘 공동체가 최초로 행하고 있는 일이 묘사되고 있다. 그리고 여기에 우리는 말씀의 전례에 깃든 신학을 엿볼 수 있다. 이날 이스라엘에 새로운 역사가 시작되었는데, 이 순간 하느님께서는 말씀을 통하여 당신 백성 안에 더욱 뚜렷한 현존으로 드러나신 것이다. 그리고 이 일은 남자뿐 아니라 여자와 어린이에 이르기까지 온 백성이 소집되어 거행하는 성대한 전례를 통해 이루어졌다. 이날은 경신례의 책임을 맡은 이들뿐만 아니라 온 백성이 다 사제요 예언자의 자격을 지녔다는 사실을 밝히 드러낸 예언적인 순간이었다. 처음이자 유일하게, 이 축제일에 성서를 읽는 이를 위해 설교대 혹은 독서대가 마련되었다는 기록을 전해주고 있다. 하느님을 장엄하게 찬양하고[1] 백성을 위한 축성기도*epiclesis*를 드린 후 독서가 시작되었는데, 이것은 연속 독서로서 하루 온종일 이어지는 것이었다. 단락 단락을 읽으며 아라메아어밖에 모르던 백성에게는 히브리어로 된 말씀이 번역되어 전해졌다. 그런 후 에즈

라와 레위인들이 말씀을 풀이하고 해설해 주었다. 판결을 내리는 말씀, 양날을 지닌 칼과 같은 말씀. 이 하느님의 말씀 앞에서 사람들은 두려움에 떨 수밖에 없다. 사람이 신적인 것과 접촉할 때마다, 하느님의 거룩하심을 체험할 때마다, 이사야가 그랬듯이, 자기는 입술이 부정한 사람이라고 느끼지 않을 수 없는 것이다.[2] 이 순간 하느님은 어느 때보다 뚜렷이 현존하시고, 당신의 말씀으로 신앙인의 마음을 건드리시며 꿰뚫으신다. 하느님의 말씀은 구원으로 이끄는 눈물을 동반하는 법이다. 그것은 기쁨으로 수확할 수 있도록 눈물 속에 뿌려진 씨앗과도 같다.[3] 그러므로 다음과 같은 위안의 말씀이 선포된다: "이날은 너희 하느님 야훼께 바친 거룩한 날이니 울며 애통하지 말라. … 가서 잔치를 차려 배불리 먹고 마셔라."[4]

이 장면에서 "회당의 거룩한 독서"라 할 새로운 예배의식의 특징들을 발견하게 되는데, 그것은 희생제물을 봉헌하지 않고 단지 하느님의 말씀으로만 의식이 거행된다는 것이다. 그리하여 온 백성이 예배에 참석할 수 있는 길이 열리게 된 것이다. 안식일마다 백성은 자기 마을에서 하느님의 말씀을 받아들임으로써 신앙과 일상생활이 연결된다. 즉, 여기저기 흩어진 작고 가난한 마을에서도 하느님의 말씀이 선포될 수 있게 되었다.

예수께서 가파르나움과 나자렛, 그리고 갈릴래아의 여러 회당에서 행하신 일도 이같은 형태의 거룩한 독서였다. 그리고 우리에게 거룩한 독서의 방법을 심화시켜 주시는 분은 바로 예수이시다. 그것은 그분이 성서가 말하는 바를 당신 안에 실현시키는 분이시라는 점에서뿐 아니라, 하느님의 말씀을 **오늘**에 적용시키신다는 점에서도 그러하다. 이사야서 61장의 단락을 읽으실 때 예수께서는 이를 현재로 옮겨오신다. 그래서 제자들은 여러 세기가 지난 묵은 말씀인 이사야서의 그 말씀이 예수의 선포 속에서 "오늘"로 현재화되었음을 깨달았다.[5] 그리고 사람들은 그런 "오늘" 앞에서 어안이 벙벙해졌다. 그러나 거룩한 독서를 할 때마다 우리가 작동시켜야 할 것은 바로 이 "오늘"이다. 그렇지 않으면 우리는 고고학의 탐구 수준에 머물거나 기껏해야 사변적인 수준에 머물고 말 것이다. "오늘 이루어졌습니다"[6]는 이 예언의 말씀 … 옛적 말씀을 이런 식으로 이해할 수 있을 때, 우리는 그 말씀을 현재의 것으로 만들게 되며 "하느님의 말씀"이 무슨 뜻인지를 아주 힘있게 깨닫게 된다. "오늘 이루어졌습니다"는 말씀은 그리스도 안에서 예언이 현실이 되었다는 것만 뜻하지 않는다. 그것은 모든 신앙인이 그리스도 안에서 새로운 **오늘**을 창조할 수 있다는 뜻이다. 모든 그리스도인은 사제요 왕이며 예언자. 그들은 그리스도 안에서 성서 본문에 "오늘"을 부여할 수 있는 능력을 지녔다. 이것은 거룩한 독서의 능력과 권한을 지니기 위해 본질적이고 없어서는 안될 자질이기도 하다.

거룩한 독서에서 신앙인이 지니는 "예언자" 자질은 하느님께로부터 오는 말씀을, 하느님의 말씀이기에 효력있는 그 말씀을 메아리치게 할 수 있다는 데서 드러난다. 그리하여 말씀은, 말씀이 울리고 있는 현실 상황 한가운데서나 신앙인의 마음 안에서나, 성령을 통하여 심판하시는 말씀으로 드러나는 것이다. 한편, "왕"으로서의 자질은 역사를 "축성"하여 구원 역사로 만드는 데서 솟아난다. 왕은 기름부어진 사람이다. 그런데 이제 그 축성하는 기름부음은 역사 안에서 말씀을 실현하도록 부르심을 받은 온 백성에게 행해진 것이다. 마지막으로 "사제"로서의 자질은, 성서에 기록된 사건과 오늘

사이에, 어떤 성사적인 동시성을 탄생시키는 능력에서 표현된다. 이것은 말하자면 성서에 기록된 한 사건을 지금 내 앞에서 벌어지는 사건으로 알아듣는 능력이다.

교회 안에는 언제나 어떤 "오늘"이 존재한다. 그 이유는, 교회란 사제요 왕이며 예언자의 직무를 지닌 백성으로서, 말씀의 선포를 그 첫 임무로 삼기 때문이다. 다시 말해 교회의 첫 임무는 성서의 실현이다. "교회는 말씀을 간직하고 이해한다. 그것은 교회가 성서를 감도하신 성령을 모시기 때문이다. 그리고 예수께서 교회 안에 당신의 도구들을 두셔서 그를 통해 가르치시기 때문이며 교회 안에 그리스도의 입술이요 그분의 시편집이며 그분 가르침이라 할 '변사'들을 두셨기 때문이다."[7]

모든 말씀의 전례에서 우리가 성서 본문에 주의를 기울일 때마다 그리스도께서는 우리 신앙에 비례하여 말씀을 우리 마음에 풀이해 주신다. 성령의 권능은 각 개인의 신앙의 힘에 협력하시며, 개인기도나 공동기도의 절실함에 비례하여 나타나신다. 이런 식으로 예수께서는 성서 본문이 현재적인 것이 되게 하시는 것이다. 바로 이런 이유로, 거룩한 독서에 앞서 기도의 노고가 선행되어야 하는 것이다. 주석이 가장 중요한 것이 아니다. 더 중요한 것은 성서를 읽기 위해 자유로운 마음으로 준비하는 것이다. 그럴 때 그리스도께서는 현존하시며 몸소 당신 말씀을 선포하시고 우리에게 해설해 주신다. 신명기에 "너희 두 눈이 말씀을 보았다"[8]고 표현하고, 이사야서도 "이사야가 (환시로) 본 하느님의 말씀"[9]이라고 표현하는 등, "말씀을 본다"는 유별난 표현이 나오는 이유는 무엇일까? 말씀은 원래 듣는 것인데 어찌하여 말씀을 두고 "그들은 보았다", "봄"(觀) 등의 표현이 등장하는 것일까? 사실 말씀은 "하느님의 말씀"이고 이를 듣는 이는 신앙 안에서 듣는 것일진대, 그렇다면 말씀은 성령의 능력 안에서 "보인다"고 표현할 수 있는 것이다. 다시 말해 말씀은 우리 내면 가장 깊은 곳에서 보이는 것이며, 우리는 이 내밀한 "봄"을 통해 말씀을 그 진면목대로, 즉 하느님의 말씀으로서 깊이 받아들이는 것이다. 이 하느님의 말씀은 우리를 심판하고 우리를 불러세우며, 우리로 하여금 신비생활에 들어서도록 하고 우리의 온 실재가 그리스도 안에서 중심을 잡도록 이끌어주는 그런 말씀이다. 그리스도께서 우리 안에 현존하시는 것으로만 그치지 않는다. 그분의 말씀을 듣는 것으로만 그치는 것도 아니다. 우리는 그분을 **뵙는** 것이다. 물론 듣는 이 측에서는 "봄"을 향해 개방될 수 있는 능력을 갖추어야 한다. 이 "봄"의 능력은 경청의 능력과 비례하는 것이다. 왜냐하면 "하늘나라는 성서 말씀 속에 숨어 있음을 우리가 알기 때문이다. 그리고 이 나라는, 기도와 마음의 평화, 시편 낭송과 독서 등, 한마디로 사람의 영을 밝게 비추어주는 모든 것 안에서 항구한 사람에게 모습을 드러내기 때문이다".[10]

주

[1] 느헤 8,6 참조. [2] 이사 6,5 참조. [3] 시편 126,6 참조.
[4] 느헤 8,9-10. [5] 루가 4,16 이하 참조. [6] 루가 4,21.
[7] 오리게네스, *In Evangelium secundum Matthaeum* XIV,6 (PG 13,1198) 참조.
[8] 신명 4,9. [9] 이사 2,1.
[10] 닐로, *Epist.* III,295 (Didymo lectori: PG 79,529CD).

4
말씀의 전례에서 거룩한 독서로

하느님의 말씀이 성서 저자들에게 건네져서 문자로 고정된 것은 신앙인들에게 하느님의 말씀이라는 "법전"을 제공해 주기 위해서가 아니다. 그것은 성서로 하여금 언제나 말씀이 될 수 있게 하기 위해서였다.

그리고 성서가 말씀이 되는 특전적인 장소는 바로 전례이다. 우리는 이 과정을 느헤미야서에서 보았다. 또한 가파르나움의 회당 예절에서 예수께서 행하신 바를 기록한 루가 복음에서도 볼 수 있었다. 전례 안에서 말씀은 다시금 생명을 얻게 되며 효력을 지니게 된다. 그리스도께서 현존하시면서, 당신 자신의 목소리로 말씀을 울려퍼지게 하심으로써, 말씀이 한낱 문서로 화석화하는 것을 막아 주시기 때문이다.

전례 모임의 의의는 하느님 백성의 일치를 보여주는 것에서 그치지 않는다. 그것은 거기에서 훨씬 더 나아간다. 아우구스티누스의 표현에 따르자면 전례 모임은 말씀의 가시적 성사다. 즉, 말씀께서 스스로의 말씀을 듣게 하시는 그런 성사이다. 사실 성전에서 성서를 읽을 때 말씀하시는 분은 그리스도 자신이시다. 그리스도께서 몸소 당신의 말씀으로 움직이시고 일하시는 것이다. 동방 전례에서는 지극한 영적 이해력으로, 복음을 선포할 때에 부제가 책을 들고

이렇게 선포한다: "하느님의 지혜에 귀기울이십시오", 혹은 "귀기울이십시오, 말씀하시는 분은 바로 하느님이십니다".

그러므로 말씀은 이런 선포를 통하여 하느님의 권능이 되고 창조적 능력을 지니게 된다.

이 사실을 신약성서 전체가 한 목소리로 증언하고 있다. 바울로는 "우리가 끊임없이 하느님께 감사드리는 것은, 여러분이 우리를 통해 들려 주시는 하느님의 말씀을 사람의 말로 받아들이지 않고 사실 그대로 하느님의 말씀으로 받아들였기 때문입니다. 이 말씀은 또한 믿는 여러분 안에서 효력을 내고 있습니다"[1]라고 썼다.

사실 신앙은 말씀의 효력에서 발생하는 첫번째 결과로서, 말씀의 전례로부터 생긴다. 그리고 이 말씀의 전례는 그리스도의 말씀으로부터 생겨나는 것이다.[2]

오리게네스는 이 단락을 주해하면서 그리스도께서 직접적으로 말씀하시는 세 가지 방식이 있다고 말했다. 우선 목격자들의 경우가 그렇듯이 그분의 말씀을 직접 듣는 방식이 있다. 그리고 사도들의 설교를 통하여 듣는 방식이 있고, 나아가 그분께 귀기울이고 있는 신앙인 각자가 마음속에서 직접 그분의 말을 듣는 방식이 있다. 이 세 가지가 모두 주님의 말씀에 대한 참된 경청이라는 것이다

전례 모임은 그냥 믿는 이들의 모임일 뿐 아니라, 예언자요 사제가 된 믿는 이들의 모임이다. 다시 말해 사제들과 예언자들의 정신을 이끌었던 동일한 성령으로 성서를 읽고 듣는 능력을 갖춘 사람들의 모임이다. 따라서 교회의 모든 구성원은 자기의 바로 이러한 자질에 힘입어, 자기자신을 위해서 그리고 교회를 위해서 말씀을 살아 있는 것으로 만든다.

그러므로 말씀의 전례는 두말 할 나위 없이 우선적 중요성을 지닌다. 그것은 "성서의 어떤 예언도 제멋대로 해석해서는 안되기"[3] 때문이며, 개인적으로 실천하는 모든 거룩한 독서는 말씀의 전례 안에서 그 종착점을 찾아야 하기 때문이다. 그리하여 이것은 말씀의 전례를 위한 준비이기도 하고 동시에 그 연장延長이 되어야 하기 때문이다.

그런데, 말씀과의 모든 직접 접촉보다 말씀의 전례가 우위에 있음이 사실이라 하더라도, 다음과 같은 이유로 말씀에 대한 개인적 접촉은 본질적이고 필요불가결하다.

무엇보다 먼저 **하느님의 직접적 말씀**이 존재한다는 사실이다. 이 말씀은 성서에 함축된 것이면서, 동시에 성서 자체의 바깥에서 우리 각자를 향해 존재하는 것이기도 하다. 이것은 우리가 사사로운 방식으로 포착하는 하느님의 말씀으로서, 글로 기록되지는 않겠지만 어떻든 하느님의 말씀으로 남는 그러한 것이다. 이 하느님의 메시지가 우리에게 개인적으로 도달하기 위한 필수조건은, 우리가 말씀의 전례에서 주의깊게 경청하는 자세를 지니는 것이다. "형제애에 관해서는 적을 필요가 없겠습니다. 여러분 자신이 하느님에게서 배워 서로 사랑하고 있기 때문입니다"[4]라고 바울로가 말할 때나 혹은 요한이 "예언자들의 책에 '그들 모두 하느님께 가르침을 받으리라'고 쓰어 있습니다"[5]라고 말할 때는, 사람에게 **직접** 향하는 하느님의 말씀이 존재한다는 사실을 드러내는 것이다. 그렇다면, 이러한 말씀을 듣는 가장 좋은 순간이 바로 말씀으로 기도하는 일이 아니겠는가? 물론 (하느님께서 직접 믿는 이에게 일러주시는 이러한) 지식은 성서를 아는 모든 이들에게 약속된 것이다. 그러나 의심의 여지 없이 이 지식은 공동체 전례의 설교라든지 말씀의 전례로부터도 유래하는 것이다.

거룩한 독서가 중요한 또 다른 이유는, 그것이 **전례를 준비하는 것**이기 때문이다. 신앙도 준비도 없이 말씀을 받아들여서는 안된다. 그리고 사랑과 (그 사랑으로 말미암은) 지식이 없이 말씀을 받아들여서도 안된다. 왜냐하면 이때에 말씀은 생명을 불러일으키지 못하는 말씀, 즉 죽은 말씀으로 남을 따름이기 때문이다. 말씀의 해석과 경청이 찬양으로 넘치는 것이어야 할진대, 달리 말해 말씀으로써 말씀을 주해하는 원칙에 입각해야 할진대, 말씀을 제대로 깊이있게 알 필요가 있다. 그리고 이는 오직 말씀을 사랑에 찬 정성으로 꾸준히 접할 때에만 가능한 것이다. 교회가 전례 독서를 통하여 매일 제시하는 성서 단락들은 신앙으로 살아가기 위한 최소한의 것이다. 그날 독서의 단락을 깊이있게 이해하기 위해서는 말씀을 성서 **전체 맥락**에서 읽어야 한다. 이 단락들이 선포될 때에 신앙인은 이와 관련해서 머리에 떠오르는 모든 성서 본문과 모든 신학을 함께 메아리치게 하면서 해당 단락에 생명을 불어넣을 줄 알아야 하는 것이다. 요컨대 신앙인은 "살아 있는 성서 어휘 색인"이 되어야 한다.

그러나 이것은 성서 지식의 확장과 심화 문제만은 아니다. 이것은 또한 **개인화**의 문제이다. 물론 전례 안에서 하느님께서는 우선 백성(공동체)에게 말씀하신다. 그러나 이것은 하느님과의 개인적 만남을 위한 시작이고 원인일 따름이다. 성서 본문 속에서는 하느님께서 아브라함을 부르시고 모세를 부르시지만, 이는 동시에 **내 이름**도 부르시는 하느님의 음성이 되어야 하는 것이다. 성서 본문에서 때때로 하느님께서는 어떤 사람의 이름을 바꾸어 주시는데, 이 이름갈이를 내 안에서 생겨야 할 어떤 변화로도 알아들어야 한다. 그리고 전례 안에서 하느님과 백성의 대화로 제시되는 것은, 내가 거룩한 독서 안에서 하느님과 가지는 유일하고 위격적인 대화가 되어야 하는 것이다.

다소 빈약한 표현이긴 하지만, 전례의 영역에서 말씀이 신학적이고 교리적인 선포로 드러난다면, 거룩한 독서에서는 이것이 개인적이고 영적인 것으로 변한다고 표현할 수도 있을 것이다. 오리게네스는 이러한 개인화 작업에 대하여 아주 힘있게 강조하여, 심지어 대담하게도 자기를 교회요 신부라고 부르기까지 한다. 스스로를 "교회인 나"라고 표현했던 것이다.[6] 더 뒤에 베르나르도는 "우리 각자가 교회"라고 선언하였다.[7] "In Trullo"라 불린 공의회의 한 조항은 사제들이 전례중에 말씀을 설교할 뿐만 아니라 신자들을 말씀에 친숙하게 이끌고 말씀과 깊은 접촉을 가지도록 교육해야 한다는 규정을 담고 있다. 그것은 "성숙한 그리스도인이 되기 위해서는 성서가 제공해 주는 방편들이 필요하기"[8] 때문이다.

따라서 거룩한 독서는 수도승들의 전유물이 아니라 온 교회의 것이다. 그것은 말씀이 우리 안에서 열매맺기 위한 필수조건이다. 전례에서 선포된 하느님의 말씀만으로 사는 사람은 비유에 나오는 것처럼, 씨를 받아들이긴 하되 열매를 내지 못하는 땅과 같다는 것을 유념해야 한다. 그는 메마른 땅과 같아서 새들이 와서 씨를 쪼아먹고 가시는 그를 질식시킬 것이다. 그리고 더위는 싹들을 말려버릴 것이다. 요한 크리소스토모는 이 점을 힘주어 강조하며 신자들을 이렇게 타이른다: "여러분 중 어떤 이는 '나는 수도승이 아니다'라고 합니다. … 그러나 바로 여기서 여러분은 실수하는 것입니다. 왜냐하면 성서가 마치 수도승들만을 위한 것이라고 착각하기 때문입니다. 성서는 세상 가운데 살고 있는 여러분 신자들에게 더욱 필요한 것입니다. 게다가 성서를 읽지 않는 것보다 더 심각하고 죄스러운 것이 있는데 그것은 거룩한 독서가 무익하고 쓸모없는 것이라고 생각하는 것입니다."[9] 이 위대한 교부에 따르면, 거룩한 독서 없이 사는 사람은 "사탄의 관습"을 실행하는 것과 같다. 경청한 말씀은 끊임없이 살아서 말을 건네고 있어야 한다. 이때문에 마음에 간직해서 거듭 새롭게 기억하고 느껴야 하는 것이다. 이렇게 밤낮 말씀으로 숨쉬지 않고서 어떻게 영성생활이 가능하겠는가?

요한 크리소스토모는 자기에게 맡겨진 교회에 대해 책임을 다하는 목자였는데, 복음의 철저한 요구를 수도승들에게만 미루고 싶어하는 조류와 늘 맞서 싸웠다. 그는 거룩한 독서를 통해 말씀의 전례를 연장하라고 신자들에게 거듭 훈계했다: "집에 돌아가거든 아내와 아이들과 함께 성서를 펼쳐 들고 교회에서 들은 말씀을 다시 반복해서 읽어야 할 것입니다"[10]라고 하면서 또다시 "집에 돌아가서 상을 두 개 마련하시오. 하나는 음식상이고, 다른 하나는 말씀의 식탁입니다. 남편은 교회에서 들은 말씀을 다시 읽으시오. … 여러분의 집을 교회로 만드시오"하고 권면하곤 하였다.[11]

늘 우리 안에 도사리고 있는 위험은 하느님의 말씀을 건성으로 듣는 것이다. 우리가 들은 말씀은 마치 씨뿌리는 사람이 뿌린 씨앗과 같다. 우리가 경청한 말씀을 훔쳐 가려고 또는 잡초 씨를 뿌리기 위해 오는 마귀를 거슬러 싸워야 한다. 요컨대 말씀의 피상적 독서(길에 떨어진 씨앗)와 맞서 싸우고, 그 말씀을 간직하는 데 따르는 어려움

(돌밭에 떨어진 씨앗)과 맞서 싸우며, 그 말씀이 자라는 것을 두려워하는 마음(가시밭에 떨어진 씨앗)과 싸워야 하는 것이다.[12]

"교회인 나"라고 말할 수 있기 위해, 다시 말해 교회다운 영혼을 지니기 위해서는, 알렉산드리아의 끌레멘스가 말한 대로, "하느님께 직접 배운 사람"으로 변화시켜 주는 이러한 독서가 필요하다.

거룩한 독서에서 기도는 개인적이지만 개인주의적인 것은 아니란 사실을 특히 염두에 두어야 한다. 오직 독서가 "타자"이신 하느님과 함께 이루어질 때에만 "독서"는 "거룩한" 것이 된다. 이때의 독서는 대화의 독서요, 둘이서 하는 독서인 것이다.

"성서는 사람에게 건네시는 하느님의 메시지"라는 것이 진실이라면, "성서는 하느님과 나누는 대화일 때에만 결실을 맺을 수 있다" 함도 사실이다. 내가 성서를 건성으로 읽을 때 하느님은 "그분"이시다. 그러나 내가 성서를 신앙으로 읽고 기도한다면 하느님은 "당신", 즉 내 앞에 계시는 분이 되신다. 나에게 말씀하시는 분이 되시고, 그래서 내 편에서도 이분께 응답을 드리게 되는 것이다. 이것은 거룩한 독서의 궁극적 수확이기도 하다. 하느님께 관하여 선포된 메시지는 바로 나와 관련되는 것이고 나에게 건네지는 것이다. 그리고 나는 이 메시지로 기도하면서 그분께 말씀드리고 있는 셈이 된다. 우리가 성서 말씀을 듣는 때는 그분의 말씀을 듣는 때요, 우리가 기도하는 때는 그분께 말씀을 드리고 있는 때인 것이다.

4. 말씀의 전례에서 거룩한 독서로

주

[1] 1데살 2,13.   [2] 로마 10,17 참조.   [3] 2베드 1,20.

[4] 1데살 4,9.   [5] 요한 6,45.

[6] 오리게네스, *In Caniticum Canticorum Hom.* I,7 (SC 37bis,95). 그렇지만 이 말은 교회의 입으로 나온 것이란 사실을 유념해야 한다: "교회인 나, 신부인 나는 한때 나를 거슬러 싸웠던(바울로를 말하고 있음) 내 어머니(즉, 유대교의 회당) 자식들의 숱한 포도밭을 지키는 파수꾼으로 흠없이 세워졌다." 그러나 오리게네스에 있어서 "교회는 모든 성도들의 모임이며 따라서 모든 이의 모임으로 구성된 단 한 사람과도 같다"는 것은 알려진 사실이다(*In Canticum Comm.* I: PG 13,84C). 같은 아가서 주해에서 오리게네스는 다음과 같은 표현을 쓰고 있다: "신부, 즉 교회 혹은 완덕을 향해 나아가는 영혼"(*In Canticum Comm.* III: PG 13,159B). 이리하여 교회로부터 충실한 영혼으로의 이행이 생기게 되는 것이다: "그러므로 그대도, 그대가 교회인 만큼, 예루살렘의 딸들에게 그대의 말을 건네라. …"(*In Canticum Canticorum Hom.* I,6: SC 37bis,91). 그리하여 오리게네스는 이렇게 타이를 수 있었던 것이다: "따라서 우리도 주님의 지성소를 지읍시다. 모두가 다함께, 그리고 각자가 따로따로, 우리가 짓는 지성소는 교회입니다. 거룩하고 흠도 주름도 없는 교회입니다. …"(*In Exodum* IX,3: SC 16,211).

[7] 베르나르도, *In Cantica Serm.* LVII,3 (PL 183,1051B): "신부는 바로 우리"라고 말하고 있는 *In Cantica Serm.* LXVIII,1 (PL 183,1108C)도 참조하고, 설교 제12를 마감하는 멋들어진 텍스트도 참조하기 바란다. 여기서 그는 "신부"란 단어로써 교회로부터 영혼으로의 이행을 작업하고 있다.

[8] 요한 크리소스토모, *In Epistolam ad Ephesios Commentarius* VI,21.1-2 (PG 62,150-151) 참조.

[9] 요한 크리소스토모, *In Matthaeum* II,5 (PG 57,30).

[10] 요한 크리소스토모, *In Matthaeum* V,1 (PG 57,55s).

[11] 요한 크리소스토모, *In Genesim* VI,2 (PG 54,607), "In Trullo" 공의회가 남긴 다음의 제19 조항을 참조할 것: "교회의 사목자들은 백성을 매일 가르칠 것이되 특히 주일에 그리할 것이다. 또한 그들은 교부들의 주해로부터 시작해서 성서를 풀이해 줄 것이다."

[12] 마태 13,18 이하; 13,24 이하 참조.

5

거룩한 독서의 양성

교부들이 가장 엄격하게 타이르는 것들 가운데 하나는, 성서를 "사변의 대상으로 삼거나 지식을 위한 지식의 대상으로 삼음으로써 속화시키지 말라"는 것이다. 이런 것은 무신론자도 할 수 있다. 그러나 신앙인은 성서를 펼칠 때, 오직 하느님 은총의 빛을 통과할 때만 읽고 있는 내용을 이해할 수 있다고 믿고 있다. 거룩한 독서는 이러한 은총과 더불어 성서를 읽는 가장 참되고 적합한 방식이다.

랍비들은 "토라", 즉 말씀은 창조계 안의 하느님 현존이라고 말하곤 했다. 그리고 인간은 독서와 묵상과 기도로써 이 현존을 자기 것으로 삼는다는 것이다. 독서, 묵상 그리고 기도, 바로 이 세 가지가 유대교 신심과 가장 오래된 그리스도교 신심에서 거룩한 독서의 근본 요소였다.

말씀을 자기 것으로 소화하는 이 유대교적 방법을 그리스도교가 유산으로 물려받았다.[1] 그리고 이 방법은, 동서방을 막론하고 모든 교부들에게도 공통된 것이었다. 물론 이 방법론에 대한 완전한 설명은 중세에 가서야 나타나게 되었다.[2] 특히 16세기부터 거룩한 독서는 (가톨릭) 교회에서는 더이상 실천되지 않았지만, 형태를 달리해서 개신교회에서 살아남게 된다. 그들의 체험은 고대 교부들이 정착시키고 중세 교부들이 풍요롭게 키웠던 방법으로 거룩한 독서의 목표를 규명하는 데에 분명히 도움이 된다. 그러나 수도승들 사이에서는 이 방법이 중단없이 간직되었고, 그래서 그들은 다른 형태의 녹서에 대해 자주 논쟁하곤 했다. 중세 말기에는, 수도승들이 의전 사제 수도자canonici regolari들과 도미니코 회원들을 비판하게 되는데, 이것은 그들의 스콜라식 성서 독서가 독서와 기도라는 최고 가치가 아니라 "질문"과 "논증"을 지향하기 때문이었다.[3] 뒤이어 그들은 또한 지나치게 심리적이고 내향적인 이냐시오식 묵상방법에 대해서도 마찬가지로 비판적인 입장이었다. 수도승 전통 내부에서도 거룩한 독서는 옹호되어야 했다. 특히 12세기에는, 끊임없이 이어지는 전례 기도만 지나치게 강조한 나머지 거룩한 독서는 거의 소멸될 지경에 이르렀다. 거룩한 독서는 이미 성무일도로 대체되고 말았으며, 수도승들은 이런 경향과 맞서 싸워야 했다.[4]

그러나 거룩한 독서의 방법은 오랜 유배 기간에 들어갔는데 이것은 말씀의 유배 기간과 상응하는 것이었다. 결국 거룩한 독서를 우리가 되찾게 된 것은 제2차 바티칸 공의회 덕분이었다. 공의회는 「계시헌장」에서 "모두가 … 거룩한 독서(Lectio Sacra)와 주의깊은 연구로 … 성서와 끊임없이 접촉할 필요가 있다. … 독서에는 기도가 동반되어야 함을 기억할 것이다"라고 말하고 있다.[5]

거룩한 독서는 **기도와 함께 하는 독서요 말씀으로 기도하는 것이며, 묵상이 낳은 기도이다. 따라서 이것은 특전적인 방법이다.** 이제 그 입문을 위해 아래와 같이 몇 가지 윤곽을 제시해 보고자 한다.

카르투시오회 수도승이었던 귀고 2세는 기도에 관한 예수의 한 말씀을 응용하여 스스로 도식화하고 구성한 방법을 그의 저서「수도승들의 계단」에서 설명해 주었다.[6] 우리는 거룩한 독서의 여러 단계를 드러냄에 있어서 이를 원용하고자 한다.

마태오 복음서 7장 7절에서 예수께서는 다음과 같이 말씀하고 계시다: "청하시오, 주실 것입니다. 찾으시오, 얻을 것입니다. 두드리시오, 열어주실 것입니다."

귀고는 이 구절을 다음과 같이 옮긴다: "독서 안에서 찾으시오, 묵상과 함께 얻을 것입니다. 기도 안에서 두드리시오, 관상으로 들어갈 것입니다."[7] 여기서 보듯 귀고는, 위의 복음 말씀의 마지막 두 가지 권고를 거룩한 독서의 방법으로 요약하여 옮겨 새기고 있다. 그런데 우리는 여기에 덧붙여, 제일 처음의 권고 ─ "청하시오, 주실 것입니다" ─ 를 이렇게 알아들을 수도 있다고 본다: "성령을 청하시오, 읽을 능력을 주실 것입니다."

우리는 이제 이 도식이 거룩한 독서를 양성하는 데 효과적이라고 믿는다. 영성생활의 역동성 안에서 참된 기도에 도달하기 위하여, 그리고 그분과 우리가 얼굴을 마주하고 만나는 지점에 도달하기 위하여, 이 구조는 기도는 물론 독서를 위해서도 효과적이다. 뿐만 아니라 우리의 입문을 위해서도 교육적으로도 충분한 가치가 있다.

1 성령을 청하시오, 빛을 받을 것입니다

요한 크리소스토모는 성서 앞에서 이렇게 기도하곤 하였다: "제 마음의 눈을 열어주시어 주님의 뜻을 알아듣고 실천하게 하소서. … 주님의 빛으로 제 눈을 비추어주소서." 시리아의 에프렘 역시 이렇게 권고한다: "독서를 하기 전에 하느님께서 당신을 그대에게 드러내 주시도록 기도하고 간청하시오."

거룩한 독서를 시작하는 우리의 근본적이며 일차적인 태도는, 우리의 전 존재를 비추시어 우리와 주님과의 만남이 이루어질 수 있도록 하느님의 성령을 청하는 것이다. 우리의 처지는 사실 책 앞에서 이렇게 부르짖는 사람들의 처지와 같다: "주님, 제가 보게 해주십시오", "주님, 제 눈과 마음을 열어주십시오." 이것은 히브리와 라틴 전례에서 하느님을 찬미하기 전에 "주님, 제 입을 열어주소서"라고 간구하는 것과 같은 이치다. 모든 성서 독서는 성령청원 기도를 전제한다. 왜냐하면 성서 안에 머물고 계신 성령을 통해서만, 즉 세례받으실 때 예수 위에 머무셨듯 성서 안에도 머무시는 그 성령을 통해서만 성서는 살아 있는 말씀이 되기 때문이다.

독서는 영성적 차원, 즉 성서 행간에 숨쉬고 있는 영의 차원에서 이루어져야 한다. 이 차원에서 우리는 그리스도의 몸과 교회, 그리고 성령께서 말씀을 건네시는 전통을 만나게 된다.

교회는 하나의 몸이다. 그 안에서 신적인 말씀은 생명의 말씀으로 반향되어 퍼진다. 물론 교회가 말씀을 "소유"하는 것은 아니다. 그러나 교회는 성령을 통하여 말씀을 보존한다. 성령께서는 교회와 성서 안에 공히 현존하신다. 따라서 성령청원 기도는 교회와의 일치 안에서 성령이 임하시도록 바치는 기도이다. 전례에서는 하느님 백성의 모임 자체가 이미 성령청원이 된다. 그러나 거룩한 독서에서 신자 개개인은 분명하게 이 성령청원 기도를 바쳐야 하는데, 이 성령청원 기도는 교회가 성찬의 전례에서 끊임없이 거행하는 대 성령청원 기도[8]와 일치하여 바치는 기도이어야 한다. 이렇게 할 때 주님의 말씀을 사사롭게 알아듣는 위험이나 해석상의 주관주의에 빠질 위험, 그리고 환상과 임의적 해석의 위험이 사라지는 것이다.

이리하여 말씀을 향한 개인적 접근은 하나의 성사가 되며, 그 성사 안에서 교회와 성서는 주님 말씀의 유일한 원천으로서 서로 결합하게 된다.

우리는 하느님께 성령을 청할 때에는 받으리라고 확신하면서 청한다. 왜냐하면 성령은, 아버지께서 결코 자녀들의 청을 거절하시지 않고 주시는 가장 탁월한 "좋은 선물"[9]이기 때문이다.

성령은 성서의 저자들이 거룩한 책들(성서)을 저술할 때 성서 저자들에게만 단 한 번 역사하신 것은 아니다. 성령은 성서를 읽는 모든 이에게 언제나 역사하신다. 오직 성령의 현존만이 단순한 문자를 영으로 변화시키는 보증이 되시며 오직 그분만이 성서 본문에 영원한 젊음을 부여하신다. 하느님의 성령께서 읽는 이를 부추기실 때에만 성서는 결실을 풍부히 맺는 말씀이 된다.[10]

성서 말씀을 감도監導한 분은 바로 성령이시다. 따라서 같은 성령께서는 말씀이 역사의 여정을 홀로 걷도록 내버려두지 않으시며 하느님의 말씀을 경청하는 이 안에서 다시금 살아 있는 말씀이 되도록 하신다. 성령청원 기도를 하지 않고는 성서 본문 안에서 하느님의 말씀을 찾을 수 없을 것이다. 왜냐하면 하느님의 말씀을 담고 있는 성서 본문은 그 말씀을 독자의 자세와 열린 마음에 맞추어 드러내주기 때문이다. 그레고리오 대종은 "예언자의 영혼을 건드리셨던 동일한 성령께서 독자의 영혼을 건드리신다"고 말한 바 있다.[11] 또한 시리아의 에프렘은 "성령으로 우리가 충만할 때에만 그리스도를 마실 수 있다"고 했다. 생-티어리의 굴리엘모 역시 다음과 같이 권고한다: "성서는 자기를 기록하도록 한 동일한 성령을 통하여 읽고 이해하기를 바란다."[12]

그러므로 성령청원 기도는 무엇보다도 우리 안에 감수성과 통회의 은총을 주시며 우리 눈을 밝혀주신다.

우리는 민감한 감수성을 함양하도록 노력해야 하나 이 감수성은 사람의 의지와 성령의 활동 사이에 존재하는 일종의 상조작용(相助作用, sinergia)의 흐름 안에서, 성령께 달린 것이기도 하다. 오늘날까지 서방 신학에서는 성령께 마음을 여는 것에 대하여 거의 무지 상태에 머물고 있으며 신앙인의 삶 안에서 성령의 역할에 대해 무관심으로 일관하여 그 중요성을 간과하고 있다. 만일 우리가 단지 죽은 문자를 읽는 것 이상을 추구하고, 더 정확히 말해 순전히 지성적이고 사변적인 독서의 위험에 빠지고 싶지 않다면, 이 점이 본질적인 것이라고 해야 한다.

거룩한 독서라고 불리는 이유는, 그것이 하느님의 책들을 대상으로 삼는다는 것뿐만 아니라, 성령과 우리, 이렇게 "둘이 하는 독서"이기 때문이기도 하다. 우리가 "주님, 오소서!" 하고 외치면 그리스도께서 성서 본문으로부터 솟아나오셔서 우리 신앙의 눈에 당신의 모습을 드러내 주신다. 성령을 받아 모시기 위해서는 우리의 감수성이 예민해야 한다. 몬테 아토스의 한 수도승이, 성령과 맺는 사려깊은 관계에 마땅히 있어야 할 조심스런 태도에 대해 필자에게 이야기한 적이 있는데 그 말은 옳았다. 그 수도승에 따르자면, 우리가 성령과 함께 있을 때는 마치 비둘기와 함께 있듯이 처신해야 한다. 비둘기는 우리가 고요하고 동요하지 않을수록, 더 민감한 감수성으로 자기를 기다릴수록, 우리에게 더 가까이 오기 때문이다.

기도와 민감한 감수성으로 준비하고 있을 때 성령의 오심은 초탈(超脫, distacco)을 낳는다. 과연 우리는 자신으로부터 이탈할 필요가 있다. 우리 마음의 심연이 침묵에 잠기지 않으면 하느님의 말씀에 귀 기울일 수 없으며 우리 관심의 중심이 우리 자신이라면 성서를 읽을 수 없다. 또한 우리가 자신을 위해 무언가를 남겨놓는다면, 즉 그분께 우리 자신을 온전히 내맡겨버리지 않는다면, 하느님의 역사하심 앞에 흔연한 자세가 될 수 없다.

따라서 허황한 욕구들을 제거하려는 노력이 필요하다. 오늘날 새로운 우상이 되어 있고 우리의 신들이 되어 있는 그 허구의 욕구들을 제거하려고 노력해야 한다. 사실 오늘날 사회 조건이 우리에게 부과하는 많은 욕구들은 우리 사회가 공공연히 혹은 암암리에 펼치는 광고가 만들어낸 허구이다. 성서를 읽는 데서 어떤 "만족"도 느끼지 못하노라 하소연하는 이들은 사실은 어떤 욕구를 충족시키기 위해 말씀에 다가가는 것이 아닌가 싶다. 말씀도 기도와 마찬가지로 "거래"와는 거리가 먼 것인데, 그들은 성서가 그들에게 주고자 하는 것과는 다른 무엇을 기대하고 있는 듯하다. 그러므로 오직 하느님만을 바라보고 찾기 위하여 모든 형태의 자기중심주의를 포기하면서, 자기 계획이나 견해의 집착에서 벗어나려는 노력이 필요하다.

바로 이것이 특히 우리 시대에 강조해야 할 기본적이고도 단순하기 짝이 없는 조건이다. 왜냐하면 현대의 생활 리듬과 만연해 있는 영적 둔감함으로 말미암아 우리가 거룩한 독서의 이런 차원으로 자연스럽게 들어가기가 대단히 힘들어졌기 때문이다.

만일 자신만의 노력으로 마음을 비울 수 없다면, 파코미오의 조언에 귀기울여 보도록 하자: "성서를 읽으며 끊임없이 되새김으로써, 끓는 물처럼 우리 마음속에서 솟아나와 우리를 번민하게 만드는 저 부풀어오르는 분심들에 천천히 제동을 걸자. 그리하면 우리는 자유로워질 것이다. …"

히브리인들이 기도할 때에는 손을 들어올리는데 이런 동작은 "주님, 당신께 제 영혼을 들어올리나이다!"[13]라는 마음의 표현으로서 자기 이탈을 뜻하는 것이었다. 가톨릭 전례의 "마음을 드높이"란 표현이나 정교회 전례의 "케루빔의 찬가" 역시 우리 자신으로부터 빠져나와서 그리스도께로 더 집중하라고 환기시킨다. "하늘에 계신 하느님을 향해 우리 마음과 손을 들어올리자."[14]

우리 전 존재는 높은 곳에 계신 지극히 높으신 분을 향해야 하고, 당신 말씀으로 이끌려가도록 해야 한다. 이것은 무슨 "숭고한 상태라든지 그래서 교만과 비슷한 고양의 상태여서는 안된다. 오히려 겸손과 벌거벗은 정신의 심화에서 나오는 것이어야 한다."[15] 영혼의 고양에 대해 이야기할 때에 이것은 하느님께로 향하는 것을 뜻하는 것이지, 감정적으로 들뜨는 것을 의미하는 것은 아니다. 그래서 아우구스티누스는 이렇게 말했다: "마음을 드높인다 함은 몸을 드높이는 것과는 다르다. 몸을 일으키기 위해서는 위치를 바꾸어야 하지만, 마음을 들어올리기 위해서는 의지를 바꾸는 것으로 족한 것이다."[16] 결국 마음을 드높인다 함은 하느님께서 우리를 끌어당기고 계시는 그 움직임 안으로 흘러들어감을 의미한다. 그것은 성령께서 우리를 밀어붙이시도록 마음을 허락하는 것이다. 그것은, 하느님께 대해 주의깊게 됨으로써 갈라져 있는 우리의 전 존재를 하나로 통일하고 수렴시키는 것을 뜻하며, 또한 거룩한 독서를 통해서 우리 앞에 놓인 성서 본문에 온 존재를 집중하는 것을 뜻한다. 나아가 마음을 들어올린다는 말은 사랑에 찬 지식을 향해 나아가는 것으로서, 정신의 고양이라든지 인간적인 의미에서의 "묵상"과도 사뭇 다른 것이다. 사랑에 찬 지식이란 마음의 지식을 뜻한다. 마음과 마음이 맺는 관계, 인격과 인격이 맺는 그런 관계를 뜻한다. 여기서 "마음에서 마음으로"란 표현은 일반적으로 말하는 낭만과는 거리가 먼 것이다. 그것은 예수의 가슴에 기대어 내밀한 정담을 나누었던 요한의 태도를 뜻한다. 오리게네스에 따르면 이것이야말로 복음의 깊은 의미를 깨닫게 해준 것이었다. 이리하여 감수성은 마음을 들어올리는 것이 되고, 마음을 들어올림은 또한 주의깊음이 되는 것이다.

주의깊음이란 우리에게 말씀하시는 주님께 귀기울이는 자세를 갖추는 것이다. 이것은 단지 메시지에 대한 주의깊음이라기보다는, 그 메시지를 선포하는 분께 대한 주의깊음이다. 막달라 여인 마리아는 동산지기를 주의깊게 살피는 과정에서, 그가 자기 이름을 부르는 방식을 보고 주님의 현존을 알아채게 되어 예수를 뵙게 되었다.[17] 하느님과 가지는 신비스런 대화에서 우리에게 요구되는 것은 무엇보다도 주의깊은 경청이다. 그때 신앙인과 말씀 사이에 신비스럽고 내밀한 소통이 발생하고, 인간의 전 존재가 하느님 앞에 나타나게 된다. 암브로시오는 이런 주의깊음은, "전 인격이 (말씀이면서 동시에 위격이신) 말씀의 경청으로 팽팽해져" 있어야 하는 상태라고 표현한 바 있다.[18] 개신교 신학자 벵겔J.A. Bengel은 성서에 대한 주의깊음을 이렇게 표현하기도 했다: "네 전부를 성서 본문에 내맡기고, (성서 본문이 전하는) 모든 것을 너에게 적용시켜라!"[19]

말씀에 귀기울이면서 어떠한 소홀함도 있어서는 안된다. 왜냐하면, 아를르의 체사리오가 말했듯, "말씀을 주의깊게 경청하지 못하

는 사람은 주님의 성체를 땅에 함부로 흘린 사람만큼이나 죄를 짓는 것"이기 때문이다.[20]

온선히 주의깊게 되고 전적으로 포기하게 되면 하느님께 완전히 결합하는 일은 쉬워진다. 그것은 우리가, 그레고리오 대종의 이야기처럼, "하느님의 사랑에 매달린" 상태가 되기 때문이다.

이런 자세는 필수적인 것이지만, 거듭 강조하거니와, 단지 성령께서 결실을 맺게 해주실 때에만 거룩한 독서의 진정한 목표에 다가가는 데에 유익한 것이 된다. 우리가 성령을 청한다면, 그리고 그분을 맞아들일 채비를 갖춘다면, 독서에 없어서는 안될 비추심을 틀림없이 받게 될 것이다.

❷ 독서 안에서 찾으시오, 묵상과 함께 발견하게 될 것입니다

기도하는 것이 참으로 중요하다고 아는 이는 성서 독서 역시 기도만큼 참으로 중요하다는 사실을 받아들인다. 요한 카시아노에 따르면 독서는 관상으로 이끌어주는 것이고, 성서에 대한 이해를 가져다주는 것이며, 진정한 지식으로 이끌어주는 것이다. 그러나 거룩한 독서의 한 단계로서의 독서에 대해 살펴보기 전에, 이것이 진정한 독서가 되게 하는 몇 가지 필수 요소를 먼저 정확히 해놓을 필요가 있다.

무엇보다도 독서는 정해진 시간을 요구한다. 신앙인은 시간을 대상으로 삼는 수행을 실천하여, 독서를 위해 특정하고 적합한 시간을 마련해야 한다. 이 특정한 시간은 사람에 따라 다를 수 있지만 본질적인 조건으로 **충실함**이 요구된다. 시간을 정해 독서하는 것은 필요한데, 이는 사람은 한계를 지니고 있으며 동시에 하나의 행위는 다른 하나를 배제하는 연속된 동작들로만 이루어지기 때문이다. 힘주어 강조하거니와, 거룩한 독서를 위해서는 시간을 내야 하며, 그것도 알맞은 시간을 내야 한다. 밤이든 새벽이든 혹은 해질녘이든, 고요와 침묵과 고독에 도움이 되는 시간이어야 한다. 우리의 영이 더 주의깊게 되도록 도와주는 외적 방편들이 있음을 잊지 말아야 한다.

"그토록 큰 선익을 추구함에 있어서 … 그것을 얻기 위해 찾는 것이기도 하거니와 또한 찾기 위해 얻는 것이기도 한 이유는 무엇인가? 그 이유는, 찾는 것을 더 큰 감미로움으로 얻기 위해서라면, 얻는 것은 또 더 큰 열정으로 찾을 수 있기 위해서이기 때문이다."[21]

생-티어리의 굴리엘모는 그의 「황금 서한」Lettera d'oro에서 정해진 시간에 독서하라고 권고한다: "정해진 시간에 정해진 독서를 위해 자기 시간을 바쳐야 한다. 기회가 되면 하는 독서나 아무 때나 하는 독서, 그리고 우연히 어떤 구절과 마주쳐서 하게 되는 독서는 도움이 되지 않으며 마음을 한군데 안정시키지 못하게 한다."[22] 여가의 시간을 거룩한 독서에 할당해서는 안된다. 기도는 물론 거룩한 독서가 고작 하루 일과의 남은 부분을 채워주는 정도에 그쳐서는 결코 안된다. 의심할 나위 없이, 흥분의 도가니와도 같은 이 시대를 사는 신앙인은 거룩한 독서를 "남는 시간"에 할당하고 싶은 유혹을 많이 받고 있다. 그러나 거룩한 독서가 짧고 부적절한 시간에 매이게 되면 기대하는 결실을 맺을 수 없다. "골방에 들어가 문을 닫은 다음"[23] 숨어서 독서하는 이의 침잠이 없다면, 그리고 외적 침묵이 없다면, 하느님을 기다리는 일은 불가능하다. 쥐리유Jurieu는 다음과 같이 터놓고 말한다: "영혼이 하느님과 나누는 교감은 비밀을 요구한다." 예로니모 역시 "여러분의 내적 밀실이 품은 신비를 늘 보존하시오. 신랑이 거기 현존하실 수 있도록 하시오. 그리하여, 여러분이 기도할 때에 그분께 이야기할 수 있도록, 그리고 성서를 읽을 때에 그분이 여러분에게 말씀하실 수 있도록 하시오"[24]라고 말한다.

그렇다고 이것이 고립 상태로 이끈다고 염려할 필요는 없다. "영적 생활의 진보는 공동생활에서의 훈련을 요구하나, 하느님께 대한 감미로운 지식은 침묵과 내밀함을 요구한다."[25]

고독 가운데서 우리는 하느님의 영역에 들어가기 위해, 그리고 그분이 나에게 가까이 계심을 느끼기 위해 준비한다: "주님, 당신께서는 가까이 계시옵니다."[26] 때로는 천천히, 때로는 크나큰 내적 시련을 겪으며, 또 때로는 열광적으로 순식간에, 우리는 하느님이 거기 계심을 알아채고 그분의 현존 아래 있음을 자각하게 된다.[27] 그리하여, 그분의 가슴에 기대어, 그 날개 아래 숨어, 그분의 손에 우리의 마음을 내어드릴 수 있다고 느끼게 되는 것이다.[28]

이런 경험에서 우리는 기쁨과 동시에 두려움에 잠기게 된다. 물론 여기서 말하는 두려움은 겁에 질린다는 뜻이 아니라 뉘우침과 함께 자기의 보잘것없음에 대한 자각이 일어난다는 의미이다. 이것은 또한 감상적인 감동이 아니라 영적인 감동을 뜻한다. 에즈라가 성서를 읽어주었을 때 온 백성이 울었듯이, 우리 역시 이런 통회의 감정을 때때로 경험한다. 성령의 눈물은 대단히 풍요로워서, 중세 교부들은 자주 이를 칭송하곤 했다. 성령께서 우리 안에 일으켜주시는 그 영적 탄식과 눈물은 무엇보다도 먼저 통회가 아니겠는가?[29] 때로 우리가 흐르는 눈물 가운데 통회라는 성사를 받는다는 것이 얼마나 큰 행운인가? 라벤나의 로무알도는 성령 안에서 성서의 의미를 알아들을 때에 흘러내리는 눈물을 주체하지 못했는데 이는 성서가 자신의 모든 비밀을 폭로시켜 주었기 때문이다.[30] 그레고리오 대종은 하느님의 말씀을 깊이 소화할 줄 아는 수도승에 대해 이렇게 말하고 있다: "어떤 이들이 큰 열심으로 거룩한 독서에 몰두한 나머지 자기자신을 거룩한 눈물 속에서 제물로 바치면서 주님께 눈물의 희생제사를 올리는 것을 나는 자주 목격합니다. 배(腹)는 성서로 꽉 찼고, 내장은 하느님의 말씀으로 절여진 나머지, 그들의 정신은 눈물과 거룩한 (말씀의) 기억 속에서 하느님 안에 고요히 수렴되어 삽니다."[31] 그러므로 우리가 성서를 펼칠 때는 경의와 존중의 자세로, 성령청원 기도로, 그리고 통회의 자세로 펼쳐야 한다.

독서에 정해진 시간이 필요하듯이, 독서 내용 역시 정해져야 할 필요가 있다. 되는 대로 성서를 넘길 수도 없지만 넘겨서도 안된다. 더구나 한 구절에서 다른 구절로 변덕을 부리며 넘나들어서도 안된다. 매일의 독서집은 이 점 때문에 도움이 된다. 그리스도인은 독서집을 사용함에 있어 그 흐름을 따라가야 한다. 성서 중 한 권으로 연속 독서를 할 경우만 제외하고는 모두 이 규칙에 따라야 한다. 마음에 드는 성서 구절만 찾아다닌다면 성서는 사실상 자기가 원하는 것만 보여주는 그런 책이 되고 말 것이다. 그러므로 성서는 선별이나 선택을 할 것이 아니라 전체적으로 읽어야 한다. (물론 개인이나 공동체의 목적에 따라 선별이나 선택이 정당화되는 듯한 경우도 더러 있긴 하겠지만.) 독자는 선입견에서 어떤 것을 선호하려는 자세를 버리려 노력해야 한다. 성령의 뜻이 그를 이끄시는 그곳으로 순순히 따라가야 한다.

성 예로니모에 따르면 성서를 펼쳐서 읽는 일은 "어느 해안에 닿게 될지도 모른 채 성령의 바람에 돛을 펼치는 것"과 같다.[32] 하느님의 메시지를 담고 있는 성서 앞에서, 성령을 통해 스스로 말씀하고 계시는 이 책 앞에서, 새로운 것을 찾는 마음이나 호기심을 추구하는 마음을 버려야 한다. 그리고 성서에서 우리 마음에 드는 말만 얻으려는 유혹을 경계해야 할 것이다. 아우구스티누스는 "하느님이 네게서 바라시는 것은 말이 아니라 마음이다"라고 했다.[33] 물론 우리는 내적인 감동을 불러일으키는 성서 본문을 선택하고 싶은 유혹을 받는다. 그러나 하느님 말씀의 특성은 매일 일용할 양식이라는 사실을 잊지 말아야 한다. 다시 말해, 매끼니 밥상이 그러하듯, 어쩌다 한 번씩 누리게 되는 그 만족감을 언제나 얻을 수는 없다는 것이다.

  신앙 안에서 성서에 다가간다 함은 힘겹고 생소하며 까다로운 메시지에, 그리하여 언뜻 나와 아무 관계도 없어 보이는 그런 메시지에 귀기울일 채비를 갖춘다는 것을 뜻하기도 한다. 성서 본문은 내게 "아무 말도 안할" 수도 있다. 그러나 우정의 대화는 단지 말로만 하는 것이 아니라 침묵으로도 이루어지는 것이다. 그리고 침묵은 더 웅변적일 수 있다. 왜냐하면 침묵이란, 당신 말씀 안에서 드러나는 그분의 충만함 앞에서 내가 텅 빈 존재에 불과하다는 사실을 하느님께 말씀드리는 것이기 때문이다. 그리고 나 자신이 성서 본문에 철저히 복종해야 함을 깨우쳐주기도 한다: "네 전부를 성서 본문에 내맡기라."[34] 그런 다음에만 성서 본문이 말하고 있는 이 사실을 각자에게 적용시킬 수 있을 것이다: "(성서 본문이 전하는) 모든 것을 너에게 적용시켜라."[35] 물론 침묵은 영적 메마름의 표시이지만, 구원에 유익할 때가 많다. 침묵이 우리 시선을 오직 하느님께만 집중시키도록 도와주며, 성서를 읽는 중에 그분을 기다리도록 도와주기 때문이다. 또한 침묵은 우리 힘만으로는 기도할 수 없다는 사실을 깨우쳐주는 유일한 것으로서 그분을 찬양하게 도와주기 때문이다. 그러나 하느님께서는 이 침묵의 속을 채워주신다. 마치 시편 작가의 벌린 입을 채워주시듯이.[36]

한편 불분명한 말이나 난해한 구절과 마주치게 될 수도 있다. 예컨대 하느님을 "들소뿔"이라 표현하는 발람의 말투[37]는 이해하기 어려우며, 시나이의 불 속에서 들려오는 메시지나 오순절의 불 같은 것은 모두 난해한 장면들이다. 독서에서 만나는 이런 표상들을 논리적 사변으로 풀려 하기보다는 오히려 우리를 훨씬 능가하는 메시지 앞에 서 있다는 의식과 함께 사랑의 자세를 함양해야 한다. 아우구스티누스는 성서의 몇몇 난해한 구절들 앞에서 겪는 어려움에 대하여, 시편 11장의 "하느님의 눈동자는 사람들 위에 떠지기도 감기기도 하도다"(4절)라는 구절을 주석하면서 이렇게 말한 바 있다: "때로 그 뜻이 모호한 구절을 만날 때 이는 마치 하느님께서 눈을 감고 계신 것과도 같아서, 이때 사람들은 그 뜻을 더 깊이 궁구하게 된다. 또 어떤 때는 하느님의 눈이 떠 있기에 성서 구절도 환히 밝아져 있음을 느낀다. 이때 그들은 비추심을 받는 것이며 그로써 즐거워한다. 이렇듯 성서에 뜻이 모호한 구절이나 명확한 구절이 있음은 하느님의 눈동자 같아서, 어떤 이가 주제의 모호함 앞에서 싫증내거나 피곤해하지 않고 오히려 자극을 받는지, 그리고 어떤 이가 뜻을 깨달았다고 해서 교만해지지 않고 오히려 굳세어지는지를 살펴보고 시험하는 데 필요하다."[38] 수도승들의 지혜는 마카리오의 다음과 같은 말에서 잘 드러난다: "여러분은 이해할 수 있었던 분량에 만족하고 그것을 실천에 옮기도록 애쓰시오. 그리하면 이해되지 않은 채 남아 있던 바가 여러분의 영에 밝히 드러날 것입니다."

거룩한 독서의 마지막 특성은 **꾸준함**인데, 이것은 정녕 필요한 것이다. 왜냐하면 정신의 분산을 막아주고 말씀을 자기 것으로 소화하고 모으며 기억하고 또 집중하는 데 도움을 주기 때문이다. 성서를 읽고 또 읽어서 믿는 이의 영과 육이 말씀으로 관통되어야 한다. 옛 교부들은 이러한 열심으로 성서 구절들을 외울 정도였다. 이것은 단지 그들이 구술문화口述文化의 시대에 살았기 때문만은 아니다. 그것은 그들이 기억을 통하여, 마치 우리가 꾸준히 이어지는 독서를 통해 그리하듯, 자신 안에 말씀을 생생하게 되살릴 수 있었기 때문이다. 벌써 시편 119장의 작가가 성서 구절들을 읽고 또 읽으면서 말씀들을 입으로 중얼거리고 또 속으로 되새김질을 하는 모습을 보여주고 있다.

팜보 아바스는 즐겨 이렇게 말하곤 하였다: "수도승들의 입은 거룩하다. 하느님과의 대화가 끊임없이 이어지기 때문이다."[39] 사실 성서는 그들 기도의 목소리였고 그들 관상의 거울이었다. 요한 카시아노는 독서의 연속이야말로 신앙을 키워주고 점점 더 순수한 기도를 할 수 있게 해주는 도구라고 보았기에 다음과 같이 말했다: "이것이 바로 네가 온갖 수단과 방법을 써서 지향해야 할 바이니, 꾸준하고 열심히 거룩한 독서에 전념하여 끊임없는 묵상이 네 영을 적시게 하라. 그래서 성서로 하여금 너 자신을 성서와 닮은 모습으로 변화시키도록 하라."[40]

거룩한 독서에 열심한 것은 또한 우리 영성생활의 표지요 척도이기도 하다. 사실 모든 영적 진보는 성서의 독서와 묵상에서 오는 것이지, 하느님의 능력과 관계없이 우리 자신의 결단에서 생기는 것은 아니다.

아모스는 이런 예언을 남겼다: "내가 이 땅에 기근을 내릴 날이 멀지 않았다. … 양식이 없어 배고픈 것이 아니요, 물이 없어 목마른 것이 아니라, 야훼의 말씀을 들을 수 없어 굶주린 것이다."⁴¹ 영적으로 목마르고 굶주린 사람에게 그 갈증과 배고픔을 채워줄 수 있는 것은 오직 하느님의 말씀뿐이다. 고대의 수도승들은 이런 굶주림과 갈증을 지니고 있었다. 거룩한 독서에 그들이 얼마나 열심했는지를 보여주는 증언들은 수두룩하다. 예로니모는, 말씀을 읽어야 한다는 욕구가 얼마나 컸던지 잠까지 마다할 정도였다는 자기 체험을 들려주면서 이렇게 권고한다: "밤낮으로 독서에 열중하시오. 손에 성서를 든 채 잠이 쏟아져, 성서의 거룩한 한 페이지가 마치 베개와도 같이 당신의 조는 머리를 받아들이게 하시오."⁴² 가경자 베드로도 "그 입이 끊임없이 거룩한 말씀을 되뇌이던" 한 수도승을 칭송한 바 있다.⁴³

이런 증언은 시편 119장의 빛으로 읽어야 한다: "한밤의 침묵 속에 주님의 말씀을 묵상하오며 …; 한밤중에 일어나 주님의 말씀을 읽사오며 …; 주님 말씀 앞에 저를 비추어보오며 …; 주님의 말씀에 대해 묵상할 것이오며 …; 제가 주님 말씀을 갈망하오니 …; 주님 말씀이 제 즐거움이오니 …; 밤낮으로 저는 주님 말씀을 묵상하나이다."

이렇게 성서의 세계와 친숙해지기 위해서는 꾸준함이 필요하다. 예로니모는 이를 다음과 같이 명료하게 표현해 주었다: "독서는 끈기를 낳고, 끈기는 친숙해지게 하며, 친숙해지면 신앙이 자란다."⁴⁴

우리는 성서 말씀을 소홀히 주워모으는 사람이 되어서는 안되며 오히려 성서 안에 잠겨 성서와 한 몸이 되어야 한다. 성서와 친숙하게 된 나머지 우리 자신의 깊은 곳에 성서를 지니게끔 되어야 하며,

무의식중에 울려나올 수 있게끔 되어야 한다. 분명히 "마리아의 노래"Magnificat는 이처럼 성서에 푹 절여진 마음에서 솟아난 것이며, 성서로 적혀진 마음의 열매이다. 이때문에 우리는, 기도를 위해서나 튼튼한 신앙생활을 위해서나, 성서의 정신에 주파수를 맞추게 해주는 이러한 끈기있는 열심을 필요로 하는 것이다.

한마디로 성서는 숨겨지고 비밀스러운 이치를 끈기와 열심으로 자주 읽는 이에게 밝혀주는 책이다. 끊임없고 한결같은 습관만이 성서의 말투와 표현 양식에 익숙해지도록 해준다. 시빌리아의 이시도로는 이렇게 말한다: "하느님과 늘 일치해 있고자 하는 사람은 자주 성서를 읽어야 하며 … 즐겨 그 말씀에 귀기울여야 한다. … 모든 진보는 독서와 묵상에서 생기기 때문이다. 알지 못하던 바는 독서에서 이해하게 되며, 이해한 바는 묵상으로써 보존하는 것이다!"[45] 암브로시오는 또 이렇게 가르쳤다: "매일 하느님의 말씀을 묵상하시오. 모세와 이사야, … 베드로와 바울로, 요한 등의 인물을 조언자로 삼으시오. 예수 그리스도를 가장 뛰어난 모범으로 삼아 아버지께 도달할 수 있도록 하시오. 그분들과 말씀을 나누고, 온종일 그분들과 함께 묵상하시오."[46]

이렇게 몇몇 사항을 분명히 한 후 이제 우리는 비로소 **읽을** 수 있다.

성서 본문을 그 자체로 읽고 관상하고, 그런 다음 즉시 멈추어야 한다. 주의깊게 살피는 일말고는, 아직 정신의 다른 어떤 기능도 사용해서는 안된다. 굴리엘모 피르맛은 "독서 자체에서 말씀하시는 분은 아버지와 아들과 성령이시다. 감미로운 대화여!"라고 쓴 바 있다.[47] 묵상을 시작하기 전에 경청하고 받아들이는 것이 중요하다는 것이다. 그 말씀이 살아 있고 지금 말을 건네고 있는 것처럼 경청해야 한다. 독서는 전 존재로 이루어지는 것이다. 보통의 경우 입술로도 말씀을 되뇌이기에 몸도 독서에 참여하는 것이고, 기억은 그 말씀을 뇌리에 새겨주며, 지성은 그 의미를 깨닫게 해주는 것이다. 이러한 독서의 열매는 체험이다.

성서 본문을 있는 그대로 읽어야 한다. 성서 본문이 지닌 원래의 형태와 사상 속에서 진지하게 성서 본문을 받아들여야 한다. 따라서 성서 본문을 지나치게 급하게 적용하려거나, 우리의 현실과 생각에 맞추려는 자세는 금물이다. 모든 주관주의를 피해야 한다. 말씀은 그 객관성 속에서 받아들여야 하며 성서 본문이 그 자체로 의미하는 바를 이해하려고 노력해야 한다.

결과에 연연하지도 말고 심리적 감흥에 집착해서도 안된다. 그런 것들은 우리로 하여금 테크닉에 의존하게 만들고 그 결과 우리를 세상과 그 유혹으로 되돌아가게 만든다. 그래야 한다고 미리 정해놓은 결과에 도달할 필요가 없다. 이 점을 간과하면 독서는 자기 자신을 만족시키려는 노력에 지나지 않게 된다. 거룩한 독서에는 그 어떤 내관주의(內觀主義, introspezionismo)도 없어야 함에 유념해야 한다. 자신의 현실에 대한 우리의 시선은 마치 다른 사람이 바라보듯 바깥에서 보는 것이어야 한다. 하느님께서 우리의 현실을 비추어 주시기 때문이다. 가능한 한 하느님의 눈을 지녀야 한다. 우리도 하느님께서 세상을 읽으시고 보셨듯이 세상을 읽고 보는 법을 익힘으로써 하느님의 눈을 지니게 되는 것이다. 그런데 과연 성서야말로 하느님께서 사람과 세상을 읽고 보시는 방식을 보여주는 책이 아니겠는가?

언제나 **오늘** 내게 오는 그분의 음성과 말씀을 들어야 한다. 물론 이 말씀은 과거의 한 사건에 연루된 것이 분명하고, 그래서 먼 과거 사임이 분명하다. 그럼에도 불구하고 하느님의 힘이요 권능이기에, 이 말씀은 매번 들을 때마다 우리를 위해 새로운 **오늘**을 다시 창조한다: "오늘 너희는 그분의 말씀에 귀를 기울이라."[48]

따라서 말씀이 기록되던 시점의 반향을 찾으려 너무 애쓸 것이 아니라 오히려 마치 오늘 처음으로 선포된 것인 양 말씀을 받아들여야 한다. 오직 이렇게 할 때만 독서는 살아 있는 말씀이 되고 창조성의 원천이 되는 하느님의 메시지를 우리에게 던질 수 있다. 오직 이런 방법으로만 우리는 하느님께서 여기 계시며 그리스도를 통해 오늘 우리에게 말씀하고 계시다는 것을 알아차리고 이 음성에 따르며, 이 음성을 받아들이고 간직하게 된다. 이렇게 된다면 씨는 이미 좋은 땅에 떨어진 것이다. 그래서 우리가 깨어 있든지 잠들어 있든지 자라날 것이다.[49] 말씀 안에 머무르려는 것이 우리의 유일한 노력이 되어야 한다: "여러분이 내 말에 머물러 있으면 참으로 내 제자들입니다. 그러면 진리를 알게 될 것입니다."[50] 말씀 안에 머문다는 것은 그리스도 곁에 머물러 그의 제자가 된다는 뜻이다. 부르심을 받은 두 제자는[51] 그분께로 가서 그분과 함께 머물렀다. 예수께서 그들에게 원하신 것은 바로 그것뿐이었던 것이다. "그대들이 내 안에 머물고 내 말이 그대들 안에 머물게"[52] 되므로, 이런 이들이 청하는 기도는 정녕 들어 허락된다는 것이다. 이것이야말로 거룩한 독서에서 본질에 해당하는 부분이다. 바로 이 지점에서 순수한 기도가 솟아난다. 이런 기도야말로 하느님께서 즐겨 들으시는 것이고, 이때 거룩한 독서의 목적은 달성되는 것이다.

이제부터는 거룩한 독서의 방법이 지닌 갖가지 풍요로움에 대해 살펴보기로 하자.

독서에서는 **찾는 것**, 즉 **묵상**이 필요하다.

독서 안에서 찾으라! 그러나 누구를 찾는다는 것이며 무엇을 찾아야 한다는 것인가? 정신의 어떤 기능을 써서, 어떤 방편으로 찾아야 한다는 말인가?

찾는다는 말은 성서 본문을 분석하고 그분의 말씀과 그 문맥에 주의를 기울인다는 뜻이다. 물론 우리는 오늘날 문학적이고 주석학적인 분야에서 현대 성서 연구의 성과로 큰 도움을 입고 있다는 사실을 무시할 수 없다. 학식은 성서 본문에 대한 더 풍요롭고 충만한 독서로 우리를 이끌어줄 수 있다. 예컨대 예로니모의 경우가 그랬다. 따라서 성서 본문에 대한 궁극적이며 더 깊이있는 이해에 도달하기 위해, 가능한 한도 안에서 학문적 방편들을 사용해야 한다.

물론 여기서 거룩한 독서를 학문으로 변질시키자는 것은 아니다. 그러나 분명한 것은 구원의 전망과 성서 본문의 의미를 이해하는 데 도움이 되는 방편들을 무시할 수는 없다는 사실이다. 예컨대 문학 유형의 파악이 우리의 독서를 얼마나 돕고 있는지를 생각해 보라. 고대와 현대의 교부 주석이나 영적 주해는 독서 안에서 찾는 이 과정에 요긴한 도움을 준다. 그럼에도 불구하고, 학문의 도구를 사용함에 있어서 결코 잊어서는 안될 일은, 거룩한 독서의 유일하고도 최종적인 목적은 성서 본문의 묵상이라는 사실이다. 이 사실을 망각하는 것은 대단히 위험한 일이다.

거룩한 독서가 요구하는 성서 본문의 이해는 본질적으로 성서에 대한 전체적 이해력에 좌우된다. 그것은 "성서를 통해 성서를 해석"하는 데서 오는 지식에 좌우되는 것이다. 이것은 또한 성서 어휘 색인을 통한 독서 능력에도 좌우된다. 이는 다른 병행 구절들을 대조하거나 환기시키는 방법인네, 이로써 메시지는 비추임을 받고 자라날 뿐 아니라, 성령의 활동을 통하여 더 넓고 영적인 이해력을 유발하게 된다. 이런 방법을 통해 말씀으로 기도하는 것이 수동적인 것으로 보일 수도 있다. 그러나 이것은 가장 가난한 방법이며 또한 **가난한 이의 방법**이다. 왜냐하면 언제나 가능하기 때문이다. 성서를 오랜 기간 열심히 대하기만 하면 되는 것이다. 고대 수도승들은 학문적인 도구를 지니지 못했다. 그들 중 많은 이들이 문맹이거나 무식했다. 그럼에도 암송을 통한 그들의 성서 지식은, 요한 카시아노가 "영을 쇄신할 뿐만 아니라, 영적 진보의 정도에 따라 숨은 뜻의 아름다움이 드러나게 되면서, 성서의 얼굴마저 새롭게 하였다"고 표현할 정도였다.[53] 시에나의 복자 프란치스코는 "공부로써가 아니라 십자가에 달린 그리스도 앞에 오래 머물러 조배하고 관상함으로써 준비하여, 말씀의 빵을 백성에게 쪼개어 주며 하느님의 말씀을 남김없이 설명해 주었다".[54] 어떤 이가 이것에 대해 질문했을 때 그는 이렇게 대답했다고 한다: "학식이 아니라 기름부음 받는 것, 학문이 아니라 의식意識, (성서의) 종이가 아니라 애덕이 거룩한 독서의 스승이 되어야 한다."[55]

사실 하느님의 말씀은 영적 기름부음과 애덕을 위해 우리에게 주어졌지, 교양이나 학식을 위해 주어진 것은 아니다.

요컨대 독서를 통해 찾는 과정에서 지성이나 학문적 방편을 이용하는 것은 꼭 필요하지만, 중요한 것은 지성을 비추어주는 신앙이다. 신앙은 사색의 출발점이자 종착점이며, 그리스도를 성서 본문 안에서 찾기 위해 유일하고 필수불가결한 조건이다.

그러나 독서를 통해 찾음에 있어서 가장 중요한 것은 **되새김**(反芻, ruminatio), 즉 말씀을 되새김질하고 곱씹는 것이다. 파코미오계 문헌의 용어 사용에서 유래한 이 단어는 하느님의 말씀에 적용되어서, 읽고 듣고 이해한 말씀을 자기 것으로 만드는 활동이라는 뜻으로 사용되었다. 이것은 주님께서 얼마나 좋으신지 보고 맛들이는 것이다.[56]

생-티어리의 굴리엘모는 이렇게 표현한다: "성서 전체에 있어서 주의깊은 독서, 즉 '되새김'은 단순한 독서와는 대단히 다르다. 그것은 우정과 손님 환대가 서로 다른 것과 같다. 그리고 형제의 정과 때때로 만나는 사이가 다른 것과 같다. 매일 독서한 것으로부터 기억의 위장으로 무엇인가가 내려가야 한다. 그리하여 더 완전히 소화되고, 그런 후 다시금 끄집어내어져서, 더 자주 되새김질할 수 있어야 하는 것이다."[57]

독서에서 가장 중요한 것이 주의깊음이라면, 되새김 과정에서는 기억이 압도적으로 중요하다. 성서 본문으로 되돌아가서 중심 주제를 재발견하고 말씀을 상기하며, 상기한 말씀을 가슴깊이 각인해야 한다.

이렇게 말씀을 되새김질하는 것은 영적으로 성서를 먹는 것이다. 이리하여 성서는 뒤이어 계속되는 관상과 묵상에서 음식과 음료가 된다.

이런 일은 페캉의 요한이 말하듯 "마음의 입 안에서"(in ore cordis), "마음의 구강"(palatum cordis)을 통하여 생긴다. 귀고 2세의 표현에 따른다면, 묵상 단계의 시작은 "씹는 일"(masticatio)인 것이다.

읽어서 뜻을 알아들은 말씀을 이렇게 자신에게 동화시키는 과정으로 우리는 성서에 맛들이게 된다. 구절마다 표현을 더 깊이 알아듣게 되고, 성서 전체를 통해 해당 구절의 메아리를 듣게 된다.

파코미오의 규칙서에는 이런 말이 있다: "(형제들이) 집 안에 모여앉아 있을 때 어떤 세속적인 이야기도 허용하지 말 것이다. 장상이 성서의 어떤 부분을 가르쳤다면, 그것을 되새김질하게 할 것이다. 그리고 들은 것이나 기억하고 있는 것을 서로에게 반복하여 말해줄 것이다."[58]

따라서 성서를 기억하고 기억한 바를 유념하여 마음에 간직하는 것은 단순한 기억술과는 다르다. 왜냐하면 이것은 "마음"이 성서 본문의 말씀과 표상들을 받아들여서 기억하는 "마음의 기억"이기 때문이다. 히브리적 독서와 거룩한 독서는 단지 영으로만 하는 것이 아니다. 그것은 인간 전체의 투신을 요구하는 것이다. 말씀이 마음에 각인되도록 말씀을 입으로 중얼거리고 생각과 감정과 기억을 주의깊게 이끌어가려는 노력이 필요하다. 요컨대 이것은, "주님, 제 입이 드리는 말씀과 제 마음이 중얼거리는 소리를 즐겨 받아들여 주소서"라고 노래하는 시편 119장이 잘 보여주듯이, 이미 읽은 같은 말씀을 다시 읊는 능동적인 묵상인 것이다.

되새김은 성서 본문이 우리 안에서 다시 말씀이 되고 늘 새롭게 살아나게 하는 뛰어난 방법이다. 이 방법으로써 우리는 성서로부터 새것도 꺼낼 줄 알고 옛것도 꺼낼 줄 아는 지혜로운 율사처럼 되는 것이다. 이것은 사자의 포효와도 같은 하느님의 강력한 말씀을 우리 안에 메아리치게 하는 그런 방법이다. 되새김은 하느님의 역사하심에 대한 기억을 우리 안에 창조한다. 바로 이것이 되새김의 가장 아름다운 결실 중 하나이다. 되새김이 암송으로부터 나오는 것일수록, 기억은 구원 역사와 그리스도 신비에 대한 찬미로 가득차게 된다.

바실리오는 이런 "하느님의 기억"을 대단히 강조하였다. 바실리오에게 있어서 "기억을 통하여 하느님을 자기 안에 굳건히 자리잡게 하는 것"[59]은 성서 독서의 전형적인 열매로서, 형제들 중 가장 많이 배운 이뿐 아니라 별로 배우지 못한 이도 똑같이 할 수 있는 참된 기도였다. 그것은 언제든지 할 수 있는 기억이며, 그 자체가 끊임없는 기도였던 것이다. 그래서 그는 "하느님의 놀라운 업적들에 대한 기억은 독서로부터 오는 것이며, 성서를 기억하는 것으로부터 참된 묵상이 생긴다"고 했다.

이제 **묵상**의 몇 가지 기본적인 요소를 살펴보자.

엄밀한 의미의 "독서"가 끝난 후, "되새김"이 "묵상"으로 이끌어준다. 묵상은 하느님의 말씀이 삶으로 들어오게 하는 것이다. 그리하여 말씀으로 하여금 기도의 도구가 되게 하는 것이다. 쟝 르끌레르의 정의에 따르면, 묵상이란 "성서의 맛을 찾는 것이지 학문의 추구가 아니다. 성서는 야곱의 우물이다. 묵상으로써 물을 길으니, 그 물은 기도 속으로 흘러넘친다".[60] 묵상은 거칠고 꾸준한 작업을 요구한다. 그러나 교부시대부터 중세에 이르기까지 모든 세대가 바로 여기에서 풍요롭게 물을 길어 마셨다. 수도승 세계에 대해 그토록 비판적이었던 프란치스코마저 거룩한 독서의 방법을 존중하였고, 이 방법은 의전사제 수도회를 제외한 탁발 수도회 학파를 교육하게 되었다.[61]

그런데 어떻게 묵상할 것인가? 성서는 우리에게 특별한 비법을 전수해 주지는 않지만 몇 가지 실마리는 제공해 준다.

예컨대 시편 119장이 보여주는 바와 같은 묵상 방법이 있다. 이것은 한 주제를 선포하고서는 뒤이어 다시 같은 주제를 다루는 방법인데, 시편 119장의 경우 "율법"이 이에 해당한다. 율법이 여러 관점으로 다루어지고 있는 것이다. 같은 방법이 시편 106장과 107장에 등장한다. 여기서는 당신 백성을 향한 하느님의 사랑을 역사 속에서 찾고 있다. 묵상은 마치 여행과도 같고, 그 방법은 **반복적**이다.

그리고 바울로식의 묵상이 있다. 이것은 **집중-확산** 두 단계의 흐름을 타는 것이다. 한 단계는 주제가 정확하고 인격화되어 있으니, 예컨대 갈라디아서와 고린토서에서 묘사된 십자가 사건 같은 것이다. 다른 단계는 그 사건이 펼쳐지고 확장되는 과정에서 드러나는데, 골로사이서나 에페소서에서 묘사된 십자가의 구원적 기능이 그 예가 된다.

요한계의 묵상 방법도 있는데 이것을 **순환적**이라고 일컬을 수 있을 것이다. 여기서는 동일한 테마들이 어떤 교안教案에 따라 새롭게 반복되어 다루어진다.

나아가 **교회 전례의 방법**도 있다. 이것은 구원 역사의 한 사건을 먼저 존재론적 관점에서, 즉 성탄이나 파스카의 기억으로서 거행하고 묵상하며, 뒤이어 구원론적 수준에서, 즉 공현과 오순절의 기억 안에서 거행하고 묵상하는 것이다. 이밖에 다른 방법들도 많다. 그러나 중요한 것은 한 성서 본문 앞에서 마리아께서 그러셨듯 계시된 말씀의 뜻이 무엇인지를 곰곰이 헤아리는 것이며,[62] 묵상함으로써 그 말씀을 가슴속에 깊이 간직하는 것이다.[63] 하느님의 말씀은 폭력을 행사하지 않으신다. 그것은 부드러우며, 우레 속에서가 아니라 미풍 속에 현존하신다.[64] 넌지시 암시하는 방법으로, 침묵 속에서, 성령을 통하여 당신 자신을 느끼게 해주시는 것이다.

귀고는 우리에게 **묵상**의 구체적 모범을 남겨놓은 사람이다. 이를 여기에 기꺼이 옮겨적으려 하는 이유는, 거룩한 독서의 **묵상**이 최근 몇 세기 동안 여러 영성학파에서 말하는 묵상과 구별된다는 사실을 웅변으로 전해주기 때문이다. 그는 다음의 복음 구절에서 출발한다: "마음이 깨끗한 사람들은 행복합니다. 그들은 하느님을 뵈올 것이기 때문입니다." 이어서 귀고는 그 핵심, 곧 마음의 순결을 탐색하기 시작한다. 귀고에게 마음의 순결이란 양심성찰이라든지 자기자신을 복음 말씀의 빛으로 살펴보는 것과는 아무 관계도 없는 것이다. 오히려 그는 시편 24장 3-4절을 인용하면서 주님과 친밀한 관계에 들어가는 사람의 자질을 상기시켜 주고 있다.[65] 그런 다음 그는 시편 51장 12절을 인용한다: "변치 않는 마음 내 안에 굳혀 주소서." 즉, 하느님이야말로 깨끗함을 만들 능력을 지닌 분이시며 우리의 영과 마음을 새롭게 만들 능력을 지닌 분이시라는 것이다. 하느님께서 우리 안에 이러한 깨끗함을 만들어주신 결과로 우리는 하느님을 뵙게 된다. 두루 찾아서 돌아다닌 끝에, 거룩하게 변모하신 그리스도 안에서 하느님을 뵈옴으로써 마침내 우리는 주님의 얼굴을 뵙게 될 것이다. 삶은 우리를 정화시킬 것이며 죽음은 우리를 불태울 것이다. 그리고 우리는 다시 "깨어날 때 당신 모습으로 흡족"[66]하게 될 것이다. 이런 것이 바로 교부들의 묵상이었다!

귀고는 이 지점에서 성찰을 멈추고 독자들에게 다음과 같이 말한다: "조그만 불씨가 얼마나 큰 불을 놓았는지 보았는가?" 거룩한 독서에는 어떤 "확산"이 있어서 우리로 하여금 점점 더 깊이 하느님의 말씀을 받아들이게 이끌고, 우리의 입을 그분의 말씀으로 채우게 한다. 우리로 하여금 그토록 말씀으로 포식하게 한 나머지 숨을 헐떡이며 그 말씀을 다시 내뱉도록 만드는 것이다.[67] 성서는 깊은 우물과도 같아서 그 물을 긷는 가장 좋은 방법은 묵상이라는 두

레박뿐이다. 이 묵상은 우리와 성령, 그리고 성서 본문으로부터 아버지의 모습을 비추며 떠오르시는 그리스도 사이에 이루어지는 대화이다.[68]

필라델피아의 테오렙토는 이러한 묵상을 하는 방법에 대해 이렇게 가르친다: "한 페이지를 주의깊게 읽으시오. 그리고 그 의미를 깊이 찾아 들어가시오. 말씀을 급하게 피상적으로 통독하는 데 만족하지 마시오. 오히려 온 이해력을 다하여 말씀을 경청하고, 그 의미를 여러분 안에 보존하시오. 그런 후 읽은 것에 대해 곰곰이 생각하시오. 묵상하시오. 그러면 여러분은 열정으로 불타오를 것입니다. 음식을 잘게 씹어 먹는 것이 그 맛을 즐기게 하듯이, 거룩한 말씀을 뇌고 되뇌는 것이 지성을 비추어주고 즐거움으로 기름부어 줍니다."[69] 묵상에서는 하느님 말씀에 맛들이게 된다. 하느님 말씀의 맛은 이 묵상에서 점점 더 자라게 되는 것이다.

니느웨의 이사악은 다음과 같이 말한다: "묵상중에 말씀은 입 안에서 특별한 맛을 낸다. 동일한 말을 싫증내지 않고 끝도 없이 반복할 수도 있다." 묵상중인 그 성서 본문에 계속 머물러야 하며 본문 너머로 가지 말아야 한다. 동일한 말을 발음하고 되뇌이면서 점점 더 깊이 묵상하는 것 외에는 다른 아무것도 필요하지 않다. 이리하여 하느님의 말씀이 내게 말씀하시게 되는 것이다. 아니, 하느님 자신이 내게 말씀을 건네시는 것이다. 그리고 그 말씀은 어제 내게 말하거나 요구하지 않으셨던 것을 오늘 내게 말하고 요구하신다. 말씀을 경청하는 사람은 이렇게 창조주께 "응답하는 사람"의 품위로 드높여진다. 이리하여 거룩한 독서의 다음 단계, 즉 기도가 시작된다.

3 기도 안에서 두드리시오, 관상으로 들어갈 것입니다

거룩한 독서의 목적인 이 마지막 지점에 대하여 우리는 매우 신중할 수밖에 없다. 왜냐하면 이 단계는 사람마다 서로 다르며, 또 거룩한 독서의 수단이 아니라 결과인 이 순간을 명확히 규정하기는 어려운 일이기 때문이다.

사실 지금까지 묘사해 온 모든 것은 벌써 기도의 한 형태였다. 그러나 독자 편에서 기도한다는 의식이 더 뚜렷해져야 할 지점은 바로 여기이다. 독자는 그 어느 때보다도 여기서 더 기도하는 상태에 머물러야 하는 것이다.

사실상 독서는 묵상의 단계에서 하느님 안에 몰입되는 상태를 향해 우리를 이끌어간다. 아우구스티누스는 깊은 이해력으로 이런 이행에 대해 다음과 같이 일러주고 있다: "만일 성서 본문이 기도하면 기도하시오. 만일 성서 본문이 신음하면 신음하시오. 만일 감사라면 기뻐하시오. 희망의 본문이라면 희망하시오. 두려움을 표현하고 있거든 두려워하시오. 왜냐하면 성서 본문에서 듣고 있는 것들은 여러분 자신의 거울이기 때문입니다."[70]

이리하여 성서 본문의 정신과 자세로 하느님과의 대화에 들어가는 것이다. 여기서는 하느님께서 즐겨 들으시는 기도를 드릴 수밖에 없다. 말씀은 우리 안에 왔다가 이제 기도의 형태로 하느님께로 되돌아간다. 암브로시오의 "들을 때는 하느님께서 말씀하시는 것이고, 기도할 때는 하느님께 말씀드리는 것이다"라는 금언이 이제 실현된 것이다. 이제 모든 것은 끝에 도달했다. 완결된 것이다.

그리고 바로 이것이 진정한 그리스도인 기도이다. 이 기도는 간청과 청원, 중재와 찬양 그리고 감사 … 등으로 표현될 수 있다. 다시 말해 "타자"이신 주님과 맺는 충만한 관계의 온갖 면면이 다 표현될 수 있다. 동시에 이 기도는 그 내용을 성서로부터 얻어내며, 하느님의 말씀으로부터 모양을 입는 것이다. 그리고 그 말씀을 김도하시고 또 이 말씀의 육화를 이끄신 성령에 의해 형성되는 것이다. 그리스도인의 기도는 일차적으로 "하느님의 일"(opus Dei)이며, 사실 늘 그러했다. 이는 선포되고 되뇌어지고 묵상된 말씀이요, 나아가 노래로 불려져서 그리스도 안에서 성령을 통하여 아버지께 올려지는 관상이 되고 간청이 된 말씀인 것이다. 아우구스티누스는 "그분 없이는 아무것도 말하지 않도록 하라. 그러면 그분 역시 너 없이는 아무것도 말씀하지 않으시리라"고 했다.[71] 이는 "하느님의 말씀으로 기도하라. 그러면 그분께서는 당신 말씀을 헛되이 보내지 않으실 것이며 그 무엇도 네게 비밀로 남겨두지 않으시리라. 네게 모든 것을 말씀하실 것이며, 네게 모든 것을 보여주시리라"는 뜻이다.

생-티어리의 굴리엘모는, 거룩한 말씀이 마음을 움직여 나오는 기도를 "묵상의 기도"라 부른다. 이것이야말로 에제키엘이 말한, 하느님의 말씀이 들어 있는 계약의 궤를 모신 성전으로부터 솟아나는 참된 강이다.[72] 이런 기도는, 마음을 꿰뚫어 영혼과 정신을 갈라놓는 쌍날칼과도 같은 하느님의 말씀[73]이 마음을 베었을 때, 거기서 흘러내리는 핏방울과도 같다. 그리고 바로 여기서 통회가 솟는 것이다. 기도는 하느님께 드리는 나의 응답이다. 하느님께서는 독서를 통해 내게 당신을 내어주셨고, 나는 기도로 나를 그분께 내어드린다. 예로니모도 "기도하면서 신랑께 말하라"고 표현한 바 있다. 그것은 성서 본문으로부터 솟아나는 그분의 현존을 감지하기 위함이며, 그 현존을 사랑에 찬 대화로써 바로 내것으로 만들기 위함이다. 사실 신약의 "아나빔"(하느님의 가난한 사람)은 하느님의 말씀에 응답하되 하느님께서 이미 구약성서 속에서 말씀하셨던 동일한 말씀으로 응답한 사람들이었다. "즈가리야의 노래"나 "마리아의 노래", 그리고 "시므온의 노래"가 그 예다.[74]

이 기도는 하느님의 작은 자로서 드리는 겸손한 응답이지만 또한 당당하고 솔직한 것이기도 하다. 왜냐하면 이것은 바로 하느님 자신의 말로써 하느님께 말씀드리는 것이기 때문이다.

솔직하고 강하며 능한 기도는 바로 거룩한 독서에서 솟아나는 기도이다! 그리스도인에게 진정한 기도를 위해 이보다 더 확실한 방법이 없다. 이는 가톨릭 교회가 깊은 전례적 이해력으로 깨달은 바이기도 하다. 사실 전례는, 독서의 선포에 이어서 신자들로 하여금 응송으로써 시편을 노래하게 한다.

어떤 단계에서 기도는 독서에 대한 응답으로 자연스럽게 뒤따라온다. 무엇보다도 기도는 노래로, 감사와 찬미의 송가로 시작된다: "주님, 당신의 업적이 얼마나 위대하온지요!"[75] "주님, 당신께서 하신 일로 저를 기쁘게 하셨으니, 당신 손의 업적에 제가 환호하나이다."[76]

이 순간은 기쁨의 눈물이나 춤으로 표현되기도 하는 법열의 순간이다. 주님을 위해 제가 춤추겠나이다! 이런 때에는 주님을 향한 사랑에 눈이 먼 것처럼 느끼게 되고, 그리하여 이 체험을 나누기 위해 — 그런데 이 체험은 사실 필설로 형언할 수 없는 것이다 — 벗들과 다른 믿는 이들과 가난한 이들을 불러모으고 싶은 마음이 솟아난다.[77] 마음은 하느님으로 가득차 흘러넘친다: "가난한 이들이 듣고서 기뻐할지어다."[78] 그리고 주님이 얼마나 좋고도 감미로운지 모든 이는 즐겨라. …[79]

물론 이런 감흥은 쉽게 일상적으로 솟아나거나 지속적으로 즐길 수 있는 것은 아니다. 이런 감흥이 일어날 때는 감사로이 받아들이며 어떤 이유로도 억누르지 말아야 한다. 계약의 궤로부터 하느님의 말씀이 다가오는 것을 본 다윗은 법열에 잔뜩 취한 듯 보였다.[80] 한나 역시 감격하여 하느님께 말씀드리고 있던 순간에 술 취한 것 같았다.[81] 예언자들은 자주 이런 기쁨의 상태에 사로잡히곤 했는데 이것은 단지 그들에게만 주어진 특전이 아니라 더러 우리에게 생기는 체험이기도 하다. 물론 우리가 이런 순간을 마치 목적인 것처럼 추구해서는 안되지만 이런 감흥을 거부해서도 안된다.

이어서 놀라움과 경탄의 단계가 온다. 우리를 즐겁게 했던 말씀은, 한처음 하느님 곁에 하느님과 함께 계셨던 그 말씀은 여기서 이미 우리 안에 계시다. 우리의 가장 깊은 심연에서 빛이요 길이며 생명이 되어 계시는 것이다. 이제 더이상 부르짖을 이유가 없다. 단지 이 말씀으로 하여금 분향처럼 고요하고도 평화롭게 하늘로 올라가도록 해드리면 되는 것이다. 이것은 성령께서 우리 안에서 말할 수 없는 탄식으로 기도하고 계시는 순간으로, 우리가 이를 이해하거나 표현할 길은 없지만 겨우 감지할 수는 있다. 사실 우리는 이 말씀 속에서 쉬는 것이다. 그리고 우리를 온전히 하느님께로 들어올려 주시는 분, 우리를 하느님께로 낚아채시는 분은 바로 성령이시다. 여기서 기도는 이전보다 더 강력하고도 분명한 신앙이 된다. 이것이 전부다. 기도는 마치 사막을 걷고 있던 엘리야가 얻은 구운 과자처럼,[82] 사막에서 울고 있던 하갈이 얻은 물처럼[83] 체험되는 것이다. 최후만찬 자리에서 예수의 가슴에 머리를 기대었던 요한처럼 그분의 신체적 현존을 체험하게 되는 것이다.[84]

이것은 하느님과 맺는 고요한 대화이다. 그분 곁에 머물고 싶은 원의만 남고 다른 모든 원의는 사라지게 되는 상태이다. 그분의 현존과 가까이 계심이 점점 더 깊어지는 고요 속에서 감지된다. 마치 서로 사랑하는 두 사람이 행복에 넘친 대화와 흥분이 가라앉은 후 단순히 서로 함께 있음으로 충만한 기쁨의 순간에 잠기듯 … 말이 이미 필요없어진 두 사람은 이제 단지 눈으로, 그리고 마음으로 대화를 나눈다. 이렇게 우리는 하느님과 점점 더 가까워질수록 그분의 생각도 점점 더 깊이 알게 된다. 성서 본문 안에서 활짝 열린 그분의 마음을 보게 되고, 거기에 자신을 온전히 내맡기게 되는 것이다.

카르투시오의 귀고 2세는 거룩한 독서를 다음과 같은 기도로 마감하곤 했다: "주님께서는 제게 성서의 빵을 쪼개어 주시고, 이 빵을 쪼개심으로써 저에게 당신을 알려주시나이다. 그리하여 제가 주님을 알면 알수록, 단지 글자라는 겉껍질에서뿐만 아니라 체험의 감각적 인식으로 주님을 점점 더 깊이 더 알고자 하는 갈망이 생기나이다. 주님, 제가 이것을 청하는 것은 저의 공로 때문이 아니오라 당신의 자비 때문이옵니다. 저는 부당한 죄인임을 고백하옵니다. 그러나 강아지들도 주인 상에서 떨어지는 부스러기는 주워먹습니다. 하오니 주님, 저에게 장차 얻을 유산의 보증을 주소서. 제 갈증을 조금이라도 식혀줄 저 천상의 비를 한 방울이라도 떨어뜨려 주소서. 제가 사랑으로 타오르고 있나이다."[85]

그러나 이 모든 것이 늘 쉬운 것은 아니다. 그리고 이러한 마감 기도가 저절로 생기는 것도 아니다. 기도에 항구해야 하는 이유가 바로 여기 있다. 문이 열리도록 두드리는 데 항구해야 하는 이유가 바로 여기 있는 것이다. 더 정확히 말하면, 성서 본문 안에서 그리스도께서 점점 더 세게 문을 두드리시도록 허용해 드려야 한다. 그리하여 우리가 그분의 목소리에 승복하고 문을 열어드리게 되어야 하는 것이다.[86]

그분이 들어오시고, 우리와 함께 밥상에 앉으신다. 한 말씀도 없으시다. 그분이 계신 바에야 그분의 말을 들을 필요는 사라지기 때문이다. 그분이야말로 몸이 되신 말씀이 아니신가. 이리하여, 거룩한 독서의 마지막 단계는 그분을 관상하기만 하면 되는 관상의 단계가 되는 것이다.

우리의 개인적 노력으로 관상에 도달하게 되는 것은 아니다. 관상은 외부로부터 덧붙여지는 어떤 상태가 아니다. 오히려 거룩한 독서의 싹으로부터 자라나온 자연스런 결실이라고 해야 한다.

물론 주님께서는 이미 한 식탁에서 우리와 마주 앉아 계시다. 우리는 기도 안에서 문을 두드렸고, 그리하여 관상 안으로 들어온 것이다. 여기서도 상조작용이 존재한다. 왜냐하면 주님께서도 성서 본문 안에서 우리 마음의 문을 두드리셔서 우리 존재의 가장 깊고 내밀한 곳으로 들어오셨기 때문이다. 이제 그분을 바라보고 관상하는 것, 이것이 전부이다. 마치 베다니아의 마리아가 스승의 발치에서 그러했듯이.[87] 혹 우리가 분심에라도 빠질라치면 언제나 일깨워주는 목소리가 들려온다: "선생님이 오셨는데 너를 부르시는구나."[88] 거룩한 독서를 통하여 성서의 각 페이지는 우리에게 바로 이 그리스도를 드러내 보여주는 것이다. 놀라움을 불러일으키시면서 그분은 우리에게 당신의 방문을 알리신다. 경탄, 놀라움, 대경실색 …, 관상은 무엇보다도 이러한 것이다. 거룩한 독서에서 우리에게 드러난 하느님의 시선은 이제 우리 안에서 우리 자신의 더 깊은 시선이 된다. 그리고 우리는 이제 이 시선으로 만사와 사람을 바라보게 된다. 그리하여 도처에 충만한 하느님의 현존을 발견하게 되는 것이다. 관상은 탈혼(estasi)도 아니요 비범한 체험도 아니다. 그것은 평범한 것, 일상적인 것이다. 그것은 "사람의 아들들 중 가장 수려한 분"[89]을 바라보는 것이며, "선하시고 선을 행하시는 분"[90]을 바라보는 것이다.

  이것은 신앙의 체험이지 환시의 체험이 아니다. 우리는 신앙의 빛으로 걷는 것이지 눈에 드러나 보이는 것으로 사는 것이 아니기 때문이다.[91] 우리와 성서 사이에 드리워져 있던 너울은 걷혔다. 그리스도 안에서 사라진 것이다.[92] 이리하여 우리는 관상의 지식에 도달하게 된다. 이것은 바울로가 에페소서 3장 16-17절에서 이야기하고 있는 그러한 지식이다. 그리스도께서는 신앙을 통해 우리 마음 속에 거처하신다. 그리고 내적 인간, 다시 말해 우리의 마음은 그분을 관상한다. 신앙의 눈으로 뵈옵는 것이다. 요컨대 관상은 노력이나 의지력의 행사로 이루어지는 묵상으로 생기는 것이 아니다. 그것은 우리의 눈, "우리 마음의 눈"[93]을 밝혀주시는 분의 순수한 선물인 것이다.

  이것은 또한 예언자들이, 특히 호세아 6장 6절에서 요구하고 있는 그러한 지식이다: "정녕 내가 바라는 것은 의지적인 활동(번제)이 아니라 하느님을 아는 지식이다." 페캉의 요한은 자기 체험을 이렇게 옮기고 있다: "유일하신 하느님, 하느님을 향해 순결한 마음으로 단순한 눈을 들어올릴 때보다 제 영혼이 더 즐거울 때는 없나이다! 모든 것이 침묵하고 모든 것이 고요합니다. 마음은 사랑으로 타오르고, 영혼은 기쁨으로 꽉 찹니다. 기억은 힘으로 넘치고, 지성은 빛으로 충만합니다. 그리고 온 영혼은 주님의 아름다우심을 뵈오려는 열망으로 불타, 보이지 않는 실재를 향한 사랑에 사로잡히고 맙니다."[94]

관상은 이처럼, 성단 김사송이 바울로의 말[95]을 빌려 노래하듯이, 보이지 않는 선에 사로잡히도록 우리를 이끌어가야 하는 것이다. 이 사로잡힘은 신앙 속에서 이루어지는 것이지, 감상적인 것도, 감각적인 것도 아니다. 우리는 이 사로잡힘의 상태에서, 얻기를 포기함으로써 얻었다는 것을 깨닫게 된다. 이 사로잡힘으로써 우리는 우리 자신을 온전히 하느님께 내맡기게 되는 것이다. 기도에서 관상으로 건너가게 해주는 것은 사랑과 하나로 이어진 신앙임을 잊지 말아야겠다. 신앙이야말로 그리스도의 얼굴에 빛나는 그 영광을 알아뵙게 해주는 것이다.[96] 그리고 사랑이야말로 많이 생각하려고 애쓰기보다는 많이 원하게, 많이 사랑하게 해주는 것이다.

이리하여 묵상은 그치고, 모든 생각을 던져버림으로써 관상으로 들어가게 된다. 안토니 블룸은 이 점에 관해 이렇게 말한다: "묵상이 우리를 관상으로 이끌어들인 후에는, 찾고 생각하고 하는 것이 쓸모없게 된다. 하느님의 현존 앞에 있으면서 하느님께 대해 사색하는 것은 어리석은 일이 되는 것이다! 교부들은 하느님과 만나는 일을 하느님에 대한 생각으로 대체하려는 경향을 늘 경계하였다."[97]

그리고 이 지점에 이르러서는 할 말이 별로 없다. 단지 우리 각 개인만이 관상의 깊이를, 그리스도 신비의 너비와 길이와 높이와 깊이를[98] 발견할 수 있을 따름이다. 여기서 우리는 기도하고 있다는 의식마저 지닐 수 없게 되고, 이리하여 우리 기도는 완전하게 된다. 수도승들의 아버지로 불리는 사막의 안토니오가 남긴 말은 과연 옳다: "수도승이 자기 자신에 대해 의식하고 있는 한, 그리고 기도하고 있다고 의식하는 한, 그것은 완전한 기도가 아니다." 눈길을 우리 자신으로 향하게 하기가 도무지 불가능하며, 기도의 그 어떤 감각도 불가능하다. 단지 그리스도의 얼굴만이 우리 앞에 있을 따름이며, 그분의 빛 안에서 우리는 아버지이신 하느님의 빛을 뵈옵는 것이다. 몸은 분명히 있으되, 이것은 이미 우리를 짓누르지 아니한다. 그리고 알지도 못하는 사이에 이 몸은 우리가 관상하는 그분의 모상을 따라 영광에서 영광으로 변모되고 있는 것이다.[99] 사실 우리는 너울이 걷힌 얼굴로 그리스도의 영광을 반사하며, 그분과 하나가 되는 것이다. 이리하여 거룩한 독서는 지복직관至福直觀의 문턱에 다다라, 종말론적 색채를 띠게 된다. 그리스도께서 오시는 그 마지막 순간을, 영원한 관상의 때를 준비하는 것이다. 거룩한 독서의 열매는 바로 **그 순간**을 앞당기는 것이다. 이런 의미에서 거룩한 독서는 **그 순간**의 예언이기도 하다. 즉, 종말론적 사건의 예언이기도 한 것이다.

거룩한 독서를 이런 방식으로 실천하는 신앙인에게 남은 것은 이제 말씀을 실행에 옮기는 일이다. 필자는 여기서 거룩한 독서 방법의 연장선을 따라 다음과 같은 제목으로 또 하나의 단원을 시작해 보고 싶은 욕망도 느낀다: "말씀을 실행에 옮기시오, 주님을 증거하게 될 것입니다."

그러나 이것은 애초에 의도한 주제를 벗어나는 일이 될 것이다. 더욱이 우리는 말씀이 힘이 있다는 사실, 즉 말씀은 능히 불러내고 회개시키고 역사할 수 있다는 사실을 알고 있다. 말씀을 경청하는 사람은 말씀을 실현하는 사람이 되어야 한다.[100] 단지 이럴 때에만 거룩한 독서의 목표, 즉 주님과 가까이 머물며 친교를 누리는 것을 달성할 수 있을 것이다. 그리스도께서 "형제", "자매", "아들" 등의 인간적 표현을 써서 나타내신 이 친교는 주님의 뜻을 어느 정도나 실행하느냐에 달렸다. 하느님의 말씀을 매순간 어떤 상황에서고 얼마만큼 행동으로 옮기느냐에 달린 것이다.[101]

아를르의 체사리오는 말씀의 경청은 듣는 이로 하여금 중립적 입장을 취하지 못하게 한다는 사실을 강조한 바 있다. 하느님의 말씀은, 그리스도의 성체가 그러하듯, 그것을 받아들이는 이에게 구원 아니면 단죄를 낳는다.[102] 그는 이렇게 설교하였다: "만일 누가 하느님의 말씀을 실천함으로써 '먹지' 않는다면, 말씀은 (먹지 않고 저장된) 만나에 구더기가 끓었듯, 구더기가 끓게 할 것이다." 이것이 바로 쌍날칼과도 같은 말씀이 지닌 심판의 효력이다.

선포된 말씀을 한 번 받아들이고 간직하여 마리아처럼 가슴에 품어 묵상하게 되면, 이제 해야 될 일은 **방문하기**,[103] 곧 이웃을 섬기는 일이다.[104] 참된 말씀의 경청은 어쩔 수 없이 실천으로 이끈다. 그것은 **사람을 방문하기 위하여**, 그리고 사람이 마음속에 원래 지닌 하느님의 모상이 꽃피어나게 해주기 위하여, 우리를 세상으로 나아가도록 재촉한다. 사람 속에 숨은 하느님의 이 모상은 언제나 그 원형이신 창조주의 음성을 받아들일 태세가 되어 있다. 요컨대 말씀이 구체화되도록 애써야 한다는 것이다. 이럴 때 사람들은 말씀으로써 우리 안에 원의를 일으키시고 실천하게 하시는[105] 아버지께 영광을 드릴 수 있게 될 것이다.

거룩한 독서는 단지 기도의 학교일 뿐 아니라 삶의 학교이기도 하다. 거룩한 독서 안에서 하느님께서는 우리를 부르시고, 우리에게 말씀하시며, 우리 안에 유순한 응답을 불러일으키신다. 그러나 이것은 우리를 파견하시기 위함이다. 우리로 하여금 세상 안에 "파견된 이"요 "선교사"가 되게 하기 위함인 것이다.

암브로시오는 거룩한 독서에서 실천으로 건너가는 과정을 이렇게 종합하였다: "거룩한 독서는 우리를 선행의 실천으로 인도한다. 이것은 어떤 말을 생각하는 것이 그 말을 암기하는 것을 목적으로 삼아 후에 암기한 말을 기억할 수 있게 하듯이, 율법과 하느님의 말씀을 묵상하는 것은 우리로 하여금 실천을 지향하게 하고 실천으로 이끌기 때문이다."

4 맺으면서

지금까지 거룩한 독서의 기초적인 요소들을 살펴보았다. 필자의 의도는 교회의 역사만큼이나 오래되었으며 유다이즘에 깊이 뿌리내린 독서의 한 방법을 새롭게 맛볼 수 있는 가능성을 제시하는 것이었다.

무슨 새로운 이야기를 했다고 생각하지는 않는다. 단지 성무일도와 전례, 그리고 기도와 함께 거룩한 독서를 일용할 양식으로 삼았던 교부 전통과 수도 전통을 짧게나마 한 번 돌아다보았을 따름이다.

거룩한 독서의 방법을 따르는 신앙인은 저마다 자기한테 맞게 이를 수용함으로써 이콘 화가와도 같은 일면을 지니게 된다. 이콘을 그린다는 것은 말하자면 이미지로 드러난 가시적인 거룩한 독서라 할 수 있다. 마치 성서 본문에서 그러하듯 이콘을 그릴 때에도, 관상중에 뵙는 빛과 영광으로 충만한 그리스도의 얼굴이 조금씩조금씩 드러나기 때문이다.

우리는 하느님의 빛으로 빛을 뵈옵는다.[106] 아우구스티누스는 이렇게 말하고 있다: "하느님께서는 비밀스러운 방법으로 말씀하신다. 그분께서 많은 말씀을 하시는 곳은 우리의 마음이다. 그분께서 큰 소리로 말씀하실 때, 마음의 그윽한 침묵 속에서 다음과 같은 커다란 메아리가 울린다: 나는 니의 구원이로다." 거룩한 독서는 우리로 하여금 매일 바로 이 목소리를 듣도록 도와주는 것이다: "주님인 내가 너의 구원이로다!"[107]

주

[1] 2디모 3,14-17; 로마 15,4 참조.

[2] 히브리적 근원과 교부들의 관례에 대해서는 "Lectio divina et lecture spirituelle", *Dictionnaire de Spiritualité*, t.IX, coll.470ss를 참조할 것. 또 P. Lenhardt, A. C. Avril, *La lettura ebraica della Scrittura*, Bose 1989도 참조하기 바람.

[3] J. Leclercq, *Cultura umanistica e desiderio di Dio,* Firenze 1965, pp.93-5 참조. 같은 저자는 "La lectio divina du XIème au XIVème siècle", in *Studia Monastica* 8 (1956), 267-93에서, 수도승들의 세계가 스콜라 문화에 대해 지니고 있던 거부감에 대해 분명히 보여주었다. 그러나 또한 다음과 같이 강조하기도 했다: "엄청나게 많은 문헌들에서 수도승들은, 우선 인간의 삶에 대해, 그리고 그리스도인 생활에 대해, 마지막으로 엄밀한 의미에서의 수도승 생활에 대해 일관된 개념을 지니고 있었음이 드러난다. 인생과 인간행위를 보는 그들의 견지는 구원 경륜의 견지로 통합되는 것이었다." 따라서 여기서 문제가 되던 것은 단지 방법론이 아니라 거룩한 독서로부터 출발하여 전개되는 인생에 대한 전체적 관점의 문제였다. 이런 관점은 F. Vandenbroucke가 심화시킨 바 있다. 더 최근에는 G. R. Evans가 성서 "주석가"요 이에 사용되는 "테크닉"의 전문가였던 성 베르나르도처럼, "독서(lectio) - 논증(disputatio) - 설교(praedicatio)"의 도식을 사용하는데, 그는 이 도식의 사용을 다음과 같은 유일한 목적에 종속시키고 있다: "하느님 말씀을 읽고 경청하는 모든 이로 하여금 자신의 영 안에 하느님의 조명을 받아들일 능력을 갖추게 하는 것." "Lectio, disputatio, praedicatio: St. Bernard the Exegete", in *Studia Monastica* 24 (1982), 127-45 특히 143-5를 참조할 것.

[4] 예컨대 Guy de Valous, *Le monachisme clunisien des origines au XVème siècle*, Paris 1970, 327 이하를 참조할 것. 거룩한 독서는 늘 주의를 끌고 실천되었지만, 강조점은 시편 기도와 전례에 가 있었다. 그 결과 이른바 "영적 독서"가 발전하였다. 이 점에 관해서는 이미 주 2에서 언급한 D.Sp.의 *Lectio divina et*

lecture spirituelle 항목과 J.A. Vinel의 다음과 같은 관찰을 참조하기 바란다: "영적 독서는 거룩한 독서의 실천에 상응하는 것이 아니며 … 그 목적은 고대의 거룩한 독서와 다르다. 하느님과의 일치를 위해서는 이제 기도에만 의존하였고, 독서는 단지 영혼을 훈계하고 양육하거나 고요하게 만드는 도구에 불과하였다. 반면 거룩한 독서란 표현은 중세에서 늘 일상생활 전체와 훨씬 더 큰 조화를 이루며 성서에 접근하는 방법을 뜻하였다. 이는 특히 훨씬 더 직접적으로 하느님 체험을 겨냥하는 그런 성서 독서를 지칭하던 말이었다"["La lectio divina", in *Vie Consacrée* 54 (1982), 289-90].

⁵ 제2차 바티칸 공의회, 「계시헌장」(*Dei Verbum*) 25.

⁶ 원문은 책의 말미에 번역되어 실렸다(139-59). 귀고 2세의 작품은 중세에서 거룩한 독서의 주제를 다룬 작품들 중 최초의 것도 유일한 것도 아니다. 그렇지만 이 저술은 독서를 4단계로 제시하여 탁월한 체계를 갖추었다는 장점이 있다. 기도를 성서 독서와 합일시키려는 생각은 오리게네스에서 예로니모에 이르도록 전통 전체에 두루 공통된 것이다. "독서(lectio) – 묵상(meditatio) – 기도(oratio)"라는 3단계 공식은 중세에 특히 시토회원들이 주로 이용하던 것이다. 그러나 이 세 가지 "단계"에 절대적으로 공통된 것이 하나 있다. J.A. Vinel이 이 점에 대해 강조한 것은 일리가 있다: "이 세 가지 혹은 네 가지 태도는 늘 유일한 하나의 여정에 속하는 것이다. … 그것들은 서로 대단히 밀접하게 연결되어 있어서, 심지어 때로는 한 단어가 다른 단어와 같은 뜻으로 대체되어 사용되기까지 했다. 고대의 수행(修行)은 결코 미리 규정된 생각이나 감정의 연속을 강요할 정도로까지 묵상이나 기도를 체계화시키지 않았다." 귀고 역시 네 단계로 나누긴 하지만, 이것이 "폐쇄된 격실과 같은 것은 아님을 분명히했다. 오히려 이것들은 서로 교차하고 서로 영향을 주고받게 해주는 유일한 역동성과 관계되는 것이다. … 물론 독서가 다양한 태도와 행동을 불러일으키는 것은 사실이지만, 이들 사이에 논리적인 연계성을 만들어낼 수는 없다. 엄격한 구분은 더욱더 불가능하다. 독서는 본질적으로 하느님과의 일치라는 심원한 목표를 통해서, 성서에 다가가는 여러 단계들을 통합한다"(인용된 글 290-1). 그러나 이것은 생 빅토르의 우고가 쓴 「묵상에 대해」(*De meditatione*)에는, 비록 이 작품이 귀고보다 앞서는 것이라고 해도, 아마도 벌써 해당되지 않는 말인 것 같다. 이 작품 안에 보이는 지성적 말투와 윤리생활에 쏠린 관심은, 5단계로 분류된 과정(독서 – 묵상 – 기도 – 활동 – 관상) 안에서 "묵상"의 단계를 그 자체로 가치있는 것으로 만드는 경향을 보인다. 그러나 "묵상"의 대상이 성서일 뿐만 아니라(2부), 무엇보다도 "피조물"(1부)이요 마지막으로는 "관습"까지도 포함하는 것으로 본다는 점에서(3부) 이 작품은 비할 나위 없이 의미심장하다.

⁷ 귀고, 「관상생활에 대해 쓴 편지」 3. 이 책 141쪽 참조 ─ 역자 주.

⁸ 성찬의 전례 감사기도 제2 양식을 예로 들건대, 사제가 손을 모아 제대 위에 봉헌된 예물 위에 펴 얹어 십자가를 그으면서 "간구하오니, 성령의 힘으로 이 예물을 거룩하게 하시어 우리 주 예수 그리스도의 몸과 피가 되게 하소서" 하는 기도로 성령을 부르는 부분이나, 성체 축성의 말씀 ─ "너희는 모두 이것을 받아 먹어라. … 너희는 모두 이것을 받아 마셔라. …" ─ 이 끝난 후에 "간절히

청하오니 저희가 그리스도의 몸과 피를 받아 모시어 성령으로 모두 한 몸을 이루게 하소서" 하고 일치를 기원하는 부분을 지칭하여 "성령 청원 기도"(*epiclesis*)라 부른다. 저자는 다른 모든 성령청원 기도와 구별하여 이것을 "대성령 청원 기도"라 부르고 있다 — 역자 주.

[9] 루가 11,13 참조.

[10] 새 신학자 시메온, *Oratio* XV, "*De sacris Scripturis*" (PG 120,385C). "다른 글들은 읽는 이들의 능력에 따라 이해되고 통찰되는 것이지만, 구원에 대해 말하는 성서는 성령의 비추심이 없이는 이해될 수도 간직될 수도 없다."

[11] 그레고리오 대종, *In Ezechielem Hom.* VII,11 (PL 76,846AB).

[12] 생-티어리의 굴리엘모, *Epistola ad fratres montis Dei*, 121 (SC 223,239).

[13] 시편 25,1.   [14] 애가 3,41.

[15] P.Y. Emery, "La méditation de l'Ecriture", in Fr. François et Fr. Pierre-Yves, *Méditation de l'Ecriture et Prière des Psaumes*, Bellefontaine 1975, 17.

[16] 아우구스티누스, *Enarr, in Ps.* LXXXV,6 (PL 37,1085).

[17] 요한 20,15-16 참조.

[18] 암브로시오, *In Psalmum* CXVII *Expositio* VI,8 (PL 15,1270B): "온통 말씀으로 향해 있을 것이다"(Tota intendat in verbo). (L.F. Pizzolato가 편찬한 *Commento al Salmo* CXVIII/1, Milano–Roma 1987, 246. 다른 곳에서는 in verbum이라고 4격을 써서 말씀을 향한 방향성을 더 강조하기도 한다.) 암브로시오는 또 다음과 같이 잇고 있다: "이윽고, 비록 보이지는 않지만, 그분의 말씀이 들리는 듯한 순간이 온다. 깊은 이해력과 함께 그분 신성의 향훈을 알아채는 순간이 오는 것이다. 이것이 살아 있는 신앙을 지닌 이들이 자주 맛보는 감각이다."

[19] Te totum applica ad textum, rem totam applica ad te.

[20] 아를르의 체사리오, *Sermo* LXXVIII,2 (CCSL 103,324).

[21] 아우구스티누스, *De Trinitate* XV,2.2 (PL 42,1057s).

[22] 생-티어리의 굴리엘모, *Epistola ad fratres montis Dei* 120 (SC 223,239).

[23] 마태 6,6 참조.   [24] 예로니모, *Epistola ad Eustochium* XXII,25 (PL 22,411).

[25] 생-티어리의 굴리엘모, *Super Cantica Canticorum* I,28 (SC 82,109).

[26] 시편 119,151.   [27] 시편 84 참조.

[28] 시편 61,5; 91,4 참조.   [29] 로마 8,26 참조.

[30] 피에르 다미아니, *Vita Sancti Romualdi* XXXI (PL 144,982s).

[31] 그레고리오 대종, *In Ezechielem Hom.* I,10,11 (PL 76,889AB).

[32] 예로니모, *In Ezechielem Comm*, XII (PL 25,369D).

³³ "Non enim verba a te quaerit Deus, sed cor". 아우구스티누스. *Enarr, in Ps.* CXXXIV,11 (PL 37,1746).

³⁴ Te totum applica ad textum.   ³⁵ Rem totam applica ad te!

³⁶ 시편 81,11 참조.   ³⁷ 민수 23,22 참조.

³⁸ 아우구스티누스. *Enarr, in Ps.* X,8 (PL 36,136).

³⁹ *Serie alfabetica*, Pambo 7, L. Mortari의 이탈리아어판 *Vita e detti dei Padri del deserto*/2, Roma 1971, 135-6.

⁴⁰ 요한 카시아노. *Conlationes* XIV,10 (PL 49,970B).   ⁴¹ 아모 8,11.

⁴² 예로니모. *Epistola ad Eustochium* XXII,17 (PL 22,404).

⁴³ 가경자(可敬者) 베드로. *De miraculis* I,20 (PL 189,887A).

⁴⁴ 예로니모. *Epistola ad Asellam* XLV,2 (PL 22,481).

⁴⁵ 시빌리아의 이시도로. *Sententiae* III,8,2-3 (PL 83,679B).

⁴⁶ 암브로시오. *In Psalmum CXVIII Expositio* XIII,7 (PL 15,1382C). 이 인용문의 문맥은 암브로시오의 생각을 분명히 이해하도록 도와주는 매우 구체적인 표상을 사용하고 있다: "온종일 율법을 묵상하시오. 그냥 한번 읽어내려 가는 것으로는 불충분합니다. 어떤 밭을 사거나 집을 하나 살 때 전문가에게 의뢰하듯이, 그대 자신을 믿지 말고 주의를 다하여 율법 규정들을 검토하면서 오류에 빠지지 않도록 하시오. 그대의 가격은 얼마나 되는지 헤아려 보시오! 그대가 무엇인지를 검토하고, 그대의 이름은 무엇이며 이 이름으로 그대가 얻는 이득은 무엇인지를 검토해 보시오! 그것은 밭도 아니요 돈도 아니며 보석도 아닙니다. 그것은 바로 그리스도 예수로서, 온갖 가격과 온갖 화려함을 뛰어넘는 것입니다." 암브로시오의 이런 주해에 대해서는 D. Gorce, "L'usage de la Sainte Ecriture d'après *l'Expositio in Psalmum 118* de saint Ambroise, in *La Vie Spirituelle* 8 (1923), 616-41을 참조할 것.

⁴⁷ 굴리엘모 피르맛. *Esortazione*, in *Analecta Monastica*, seconda serie, Roma 1953, Studia Anselmiana 31,43. righe 397-404.

⁴⁸ 시편 95,7 참조.   ⁴⁹ 마르 4,26-27 참조.   ⁵⁰ 요한 8,31-32.

⁵¹ 요한 1,39 참조.   ⁵² 요한 15,7.

⁵³ 요한 카시아노. *Conlationes* XIV,11 (PL 49,972B).

⁵⁴ "Leggenda del beato Francesco da Siena", in *Monumenta Ordinis Servorum S. Mariae* (1897년에 출판되기 시작하여 1930년에 중단), V, Bruxelles, 26.

⁵⁵ "Non l'erudizione ma l'unzione, non la scienza ma la coscienza, non la carta ma la carità devono essere i maestri della *lectio divina*": 위의 책.

⁵⁶ 시편 34,9 참조.

[57] 생-티어리의 굴리엘모. *Epistola ad fratres montis Dei* 121-2 (SC 223,239-41).

[58] 파코미오. *Praecepta* 122, L. Cremaschi의 이탈리아어판. in *Pacomio e i suoi discepoli: regole e scritti*, Bose 1988, 82. 파코미오 영성의 근본 요소인 성서의 묵상에 대해서는 같은 책 89를 참조할 것.

[59] 바실리오. *Epist.* II,4 (PG 32,230B).

[60] 한 수련 수사에게 남긴 "Opuscolo anonimo", J. Leclercq, *Cultura umanistica* ... 95에서 인용.

[61] U. Occhialini, "Francesco di Assisi", in AA.VV., *Pregare la Bibbia* ..., 238-68 참조.

[62] 루가 1,29 참조.   [63] 루가 2,19 참조.   [64] 1열왕 19,12 참조.

[65] 귀고. 「관상생활에 대해 쓴 편지」 5. 이 책 142-5쪽 참조 — 역자 주.

[66] 시편 17,15.   [67] 시편 119,131 참조.

[68] 귀고. 「관상생활에 대해 쓴 편지」 5 참조.

[69] "Analyse de la prière"에서 발췌. *La prière*, Cahiers du la Pierre-qui-Vire 1954, 159-60 참조.

[70] 아우구스티누스. *Enarr. in Ps.* XXIX,16 (PL 36,224) 참조.

[71] 아우구스티누스. *Enarr. in Ps.* LXXXV,1 (PL 37,1082): "Noli aliquid dicere sine illo, et non dicit aliquid sine te."

[72] 에제 47,1 이하 참조.   [73] 히브 4,12 참조.

[74] 교회의 시간 전례에서 "즈가리야의 노래"*Benedictus*(루가 1,68-79)는 아침기도에 노래부른다. "마리아의 노래"*Magnificat*(루가 1,46-55)은 저녁기도에 노래 부르며, "시므온의 노래"*Nunc dimittis*(루가 2,29-32)는 끝기도 때 노래한다. 이 노래들의 특징은 모두 구약 말씀들의 인용으로 충만한 "성서적 노래"라는 사실이다 — 역자 주.

[75] 시편 104,1.24 참조.   [76] 시편 92,5.

[77] 시편 34,2 이하 참조.   [78] 시편 34,3.

[79] 시편 34,9 참조.   [80] 2사무 6,14 이하 참조.

[81] 1사무 1,9-18 참조.   [82] 1열왕 19,5-8 참조.

[83] 창세 21,19 참조.   [84] 요한 13,25 참조.

[85] 귀고. 「관상생활에 대해 쓴 편지」 6. 이 책 145-146 참조 — 역자 주.

[86] 묵시 3,20 참조.   [87] 루가 10,39 참조.

[88] 요한 11,28.   [89] 시편 45,3.

[90] 시편 119,68; 참조: 103,3 이하.   [91] 2고린 5,7 참조.

[92] 2고린 3,14 참조.   [93] 에페 1,18.

[94] *Un maître de la vie spirituelle au XIème siècle, Jean de Fécamp*, Paris 1946, 142 참조.

[95] 2고린 4,18 참조.   [96] 2고린 4,6 참조.

[97] 안토니 블룸, "Prière et sainteté". 필자가 지닌 타자본(打字本)에서. 루이 부이에의 다음과 같은 이야기도 참조할 만한 것이다: "거룩한 독서가 참으로 그 이름에 걸맞게 행해진다면. 이때 관상은 외부로부터 거룩한 독서에 덧붙여지는 것처럼 생기지는 않는다. 비록 불분명할지라도 신앙 안에서 관상은 거룩한 독서의 첫째 동인(動因)이 되는 것이며, 또 이 신앙으로 양육되는 사랑 안에서 거룩한 독서의 영예로운 결실이 되는 것이다"(L. Bouyer, *Introduzione alla vita spirituale*, Torino 1965, 72).

[98] 에페 3,18 참조.   [99] 2고린 3,18 참조.

[100] 마태 7,24; 야고 1,22 참조.   [101] 마태 12,48-50 참조.

[102] 1고린 11,29 참조.   [103] 루가 1,39-45 참조.

[104] 루가 1,38; 2,19.51 참조.   [105] 필립 2,13 참조.

[106] 시편 36,10 참조.   [107] 시편 35,3.

II

거룩한 독서의 여정

6
성령을 청하기

거룩한 독서를 시작하기 전에, 당신에게 내려오시어 마음의 눈을 열어주시도록 **성령께 기도하십시오**. 환시를 통해서가 아니라 신앙의 빛으로 하느님의 얼굴을 당신에게 드러내 보여주십사 청하십시오. 그리고 이 기도를 들어주신다는 확신을 지니십시오. 하느님께서는 겸손하고 유순하게 성령을 부르는 이에게 언제나 성령을 선사해 주시기 때문입니다. 원한다면 이렇게 기도해 보십시오:

빛이신 우리 아버지 하느님, 하느님께서는 세상에 아드님을 보내셨으니, 그분은 우리 사람들에게 하느님을 보여주시기 위해 몸이 되신 말씀이시옵니다.
    이제 주님의 성령을 제 위에 보내시어 주님께로부터 오는 이 말씀 안에서 예수 그리스도를 만나뵈옵게 하소서. 그리고 그분을 더 깊이 알게 해주시어, 그분을 더 깊이 사랑할 수 있게 해주시고, 주님 나라의 참된 행복에 이르게 하소서. 아멘.

7
성서를 펼쳐서 읽기

이제 당신은 성서 앞에 앉아 있습니다. 이 성서는 여느 책과는 달리 하느님의 말씀을 담고 있는 책입니다. 이 책을 통해 하느님께서는 오늘 당신에게 일 대 일로 말씀을 건네고 싶어하시는 것입니다.

  독서집의 한 단락이나 연속적으로 읽어나가고 있는 성서의 한 단락을 주의깊게, 천천히, 그리고 여러 번 **읽으십시오**. 온 마음을 다해서, 온 지성을 동원해서, 그리고 온 존재로써 그 성서 본문을 **경청하십시오**. 외적으로든 내적으로든 침묵하여 집중해서 읽고, 이로써 독서가 경청이 되도록 하십시오.

8

묵상을 통해 뜻을 찾기

하느님의 빛으로 밝혀진 **지성으로 곰곰이 생각하십시오**. 필요하다면 성서 어휘 색인이나 교부들의 해설, 혹은 영적이고 주석학적인 해설을 절도있게 참조하십시오. 그리하여 기록된 바를 깊이, 그리고 폭넓게 이해하도록 애쓰십시오. 지성의 기능이 하느님의 뜻과 그분의 메시지 앞에 복종하도록 하십시오. 성서는 단 한 권의 유일한 책이므로, 언제나 성서 각 페이지와 전체의 중심이신 분, 곧 죽으셨다가 살아나신 그리스도를 찾으면서, **성서는 성서로써 해석해야 한다**는 사실을 잊지 마십시오. 율법과 예언자들, 그리고 사도들은 언제나 그분에 대해 이야기하고 있습니다.

메시지가 당신 안에서 깊이있게 메아리치도록, 필요하면 성서 본문을 **다시 읽으십시오**. 마음속으로 말씀들을 **되씹으십시오**. 그리고 성서 본문의 메시지를 당신 자신의 현재 상황에 적용하십시오. 이때 주의할 점은, 심리 관찰에 빠지거나 양심 성찰로 끝나버리지 않도록 해야 한다는 것입니다. 말씀이 당신을 놀라게 하고 매혹하도록 마음을 비우십시오. 그리스도를 바라보십시오. 당신 안에서 그리스도께서 반사되게 하십시오. 지나칠 정도로 당신 자신을 바라보지 마십시오. 당신을 거룩하게 변모시키시는 분은 그분이시기 때문입니다.

9
말씀을 건네신 주님께 기도하기

하느님의 말씀으로 가득채워진 이제, 주님께 **말씀드리십시오**. 더 정확히 말하면, 그분께 **응답하십시오**. 성령 안에서 이해한 그분의 말씀 안에서 당신이 받은 권유와 부추김에, 부르심과 메시지에 응답하십시오.

솔직함과 신뢰로써 쉬지 말고, 그러나 지나치게 많은 말도 삼가면서 기도하십시오. 이것은 **찬미**와 **감사**, 그리고 **이웃을 위한 탄원**의 순간입니다. 당신의 시선을 자신 안에 머물게 하지 말고, 그리스도께서 알게 해주신 주님의 얼굴에 이끌리게 하십시오. 그리고 뒤돌아보지 말고 그분의 자취를 좇아 뒤따라 가십시오. 감수성과 감흥, 그리고 연상 등의 창조적 기능들을 자유롭게 풀어주십시오. 이들로 하여금, 당신에게 말씀하신 하느님께 순종하면서 말씀에 봉사하도록 하십시오.

10

관상으로, 관상으로 …

주님과 맺은 계약을 통해, 이제 당신 자신과 이웃, 그리고 역사와 세상의 온 피조물을, 요컨대 만사를 그분의 눈으로 바라보십시오. **관상은 모든 이와 모든 것을 하느님의 눈으로 바라보는 것입니다**. 하느님의 눈으로 보고 판단할 수 있다면 평화를 얻게 될 것입니다. 그리고 무엇보다도 **넓은 마음**을 얻게 될 것입니다. 넓은 마음을 얻는다 함은 하느님처럼 큰 품으로 느끼고 생각하게 된다 함입니다. 모든 것이 은총이고 모든 것이 하느님 사랑의 발현을 향해 나아가고 있습니다. …

이것은 말씀의 방문을 받는 순간으로서 … 필설로 형언할 수 없는 것이거니와 모든 사람에게 똑같지도 않습니다. 그럼에도 불구하고 분명히 체험되는 것입니다. …

주님께서는 당신 말씀에 대한 사색이나 대화식의 묵상이 불가능하도록 우리 마음에 일종의 무능력을 풀어놓으십니다. 그리고 모든 것을 초월하는, 기록된 말씀이나 침묵마저도 초월하는 친교와 사랑의 저 불에 한 불꽃이 되어 타 들어가게 해주십니다. …

11
말씀을 마음에 간직하기

받아들인 말씀을 **마음에 간직하십시오**. 경청의 여인이셨던 마리아처럼. 받아들인 말씀을 **간직하고 잘 지키며 기억하십시오**. 하루 중에 자주, 기도한 단락을 기억함으로써, 혹은 한 구절만을 기억함으로써 말씀을 상기하십시오. 이것이 이른바 "하느님의 기억"으로서, 하루의 일과와 노동, 휴식과 사회생활, 그리고 고독에 커다란 통일성을 부여해 줄 수 있는 것입니다. 졸고 있다고 느껴지면 당신 안에 간직된 말씀의 씨를 **상기하십시오**. 말씀이 온 일상을 통해 당신과 동행할 수 있도록 깨어 있으십시오.

12
경청은 순명임을 잊지 마십시오

정녕 말씀을 들었다면 실천에 옮겨야 합니다. 하느님께서 당신에게 말씀하신 바를 형제들 사이에서, 사람들 사이에서, 그리고 세상 안에서 실현해야 하는 것입니다. **경청하는 것은 순명하는 것입니다.** 따라서 그 구체적인 실현 방안을, 당신의 성소에 따라서, 그리고 사람들 사이에서 수행하고 있는 역할에 따라서 강구해야 합니다. 이때 말씀은 당신 삶에서 언제나 첫째 자리에 계셔야 하고 또 중심에 서 계셔야 합니다.

그러므로 하느님의 말씀을 실현하도록 헌신하십시오. 이것은 당신이 그분께 심판받지 않기 위함입니다. 사실 그분은 당신이 들은 것을 기준으로 해서가 아니라, 개인적 · 사회적 · 직업적 · 정치적 · 교회적인 삶의 모든 분야에서 당신이 실천에 옮긴 것을 기준으로 당신을 심판하실 것입니다. 당신이 해야 할 일은 믿는 것이고, 믿음으로써 당신 안에 **성령의 열매**를, 곧 "사랑, 기쁨, 평화, 인내, 친절, 착함, 신용, 온유, 절제"(갈라 5,22)의 열매를 드러내는 것입니다. 이리하여 당신은 사랑과 자비의 큰 기쁨을 얻게 될 것입니다.

III

거룩한 독서의 실천을 돕는 편지 둘

13

보세 수도원의 원장 엔조 수사가 요한 형제에게 보내는 편지

사랑하는 요한에게

형제여, 그대는 형제자매들과 함께 지역의 본당에서나 혹은 그대의 공동체에서 전례를 거행할 때 성서의 독서를 듣게 됩니다. 적어도 주일에는 그러합니다. 그때는 그대에게 선사된 성서 본문의 설명이자 현실화라 할 수 있는 강론의 선물도 나누어 받습니다. 이리하여 그대는 자신 안에 메아리치는 하느님의 살아 움직이는 말씀 앞에 서게 되는 것입니다. 이것은 동시에 주님 자신의 현존 앞에 서는 것이기도 합니다. 씨뿌리는 분으로서 그대 안에 당신 말씀의 씨를 뿌리시는 그리스도 앞에 서게 되는 것입니다.

전례는 두 가지 음식이 차려진 식탁에 비길 수 있습니다: 말씀의 양식과 성찬의 양식이 그대에게 선사된 것입니다. 이것은 그대가 이 세상에서 벗어나 아버지께로 가는 여정에서, 양육하시고 위로하시며 또한 힘을 북돋우시는 분께서 베푸시는 이 음식을 맛봄으로써 힘을 얻어 기력을 잃는 일이 없도록 하기 위함입니다.

전례는 과연 그리스도인 생활의 핵심적 체험이라 하겠습니다. 그런데 그대는 이 체험이 물론 일상 중에서, 그리고 독방의 고독 속에서도 개인적으로 새롭게 체현되기를 바라겠지요. 아니 더 나아가 하느님께서 수호자요 동반자로 그대에게 선사하신 형제자매들과 나누는 공동체 담화에서도 거듭 체험되기를 바랄 것입니다.

형제여, 물론 그대는 그대 자신의 초라한 능력에 기대서는 결코 성서를 이해하거나 소화할 수 없을 것입니다. 풍요로운 결실을 맺는 독서를 위해서는 몇 가지 조건이 필요합니다. 이 조건들이야말로 그대로 하여금 그리스도를 믿는 신앙 안에서 독서할 수 있게 해줄 것이고, 성령의 선물을 받을 수 있게 해줄 것이며, 아버지이신 하느님께 대한 관상의 시야를 열어줄 수 있을 것입니다.

그것은 성령 안에서의 독서, 기도하며 읽는 성서, 한마디로 거룩한 독서 … 바로 그것입니다.

1 이스라엘과 교회의 체험인 거룩한 독서

벌써 고대 이스라엘 사람들도 말씀으로 기도했으며 기도 안에서 말씀을 경청했습니다. 예컨대 느헤미야서 8장에 묘사된 공동체 전례는 이를 잘 보여주는 대목이라 하겠습니다. 독서, 그리고 그 설명, 이어서 기도를 제시하는 이러한 방법은 유다의 고전적 기도 방식이 되었습니다. 바로 이것을 그리스도교가 물려받은 것입니다[1]. 신약성서는 이 방법에 대해 설명하고 있지는 않지만 여러 곳에서 증언해 주고 있습니다.

수많은 그리스도인들이 세기를 통하여 이 방법으로 기도해 왔습니다. 그들은 비성서적인 신심에 치우치지도 않았거니와, 교회의 기도생활에서 말씀의 절대적 우위를 인정하지 않는 신심에도 치우치지 않았던 것입니다. 동서방 교회의 모든 교부들은 거룩한 독서의 이 방법을 실천하면서 동시에 신자들에게도 가정에서 실천할 수 있도록 가르쳤습니다. 그리고 거룩한 독서의 열매인 훌륭한 성서 주해들을 우리에게 전해주었습니다. 하물며 수도승들이야 어떠했겠습니까? 사막에서나 수도 공동체에서나, 이들 삶의 중심은 바로 거룩한 독서였습니다. 이들은 이를 **수도승의 수행**이라 불렀으며 또한 수도승의 일용할 양식이라 일컫기도 했습니다. 수도승들은 "사람이 빵으로만 사는 것이 아니라 하느님의 입에서 나오는 모든 말씀으로 산다"[2]는 것을 참으로 믿고 있었습니다.

그러다가 어떤 시점에 이르러서는 거룩한 독서의 방법을 문자로 기록할 필요를 느끼게 되었습니다. 그것은 갓 세례받은 이들도, 거룩하게 하시며 "신화"(神化, Deificatio)시키시는 성령 안에서, 같은 방법으로 말씀을 얻어 누리도록 돕기 위해서였습니다.

그리하여 오리게네스는 유대 랍비들의 학파에 이른바 "신적 독서"(神的讀書, théia anágnôsis)를 제시하면서 가르침을 폈습니다. 그리고 예로니모는 기도의 리듬으로 독서를 진행시켜야 함을 일러주었고, 요한 카시아노는 **묵상**의 뜻을 밝혀주었습니다. 한편 귀고 2세는 수도승들을 위한 「천국의 계단」으로써, 그리고 베르나르도는 이 독서가 **마음의 입**에 마치 꿀과 같이 감미롭다고 노래하면서 각각 거룩한 독서를 설명하였습니다. 또한 생-티에리의 굴리엘모가 이른바 「황금 서한」에서 그랬거니와 다른 많은 이들도 여러 가지 말마디를 사용하여 거룩한 독서에 대해 설명해 주었습니다. 그리하여 신앙인들이 거룩한 독서를 하느님과의 형언할 수 없는 정담情談에로 나아가는 왕도王道로 삼아 정진할 수 있도록 장려해 주었던 것입니다.

1300년대까지 바로 이 방법이 모든 그리스도인들을 양육하던 것이 었습니다. 아씨시의 프란치스코조차도 끊임없이 이 방법을 실천하였 습니다. 그러나 중세 후기에 들어서면서 (스콜라 학파의) 이른바 "질 문과 논증"의 방법이 도입되면서 거룩한 독서는 와해되기 시작합니 다. 그리하여 여러 세기에 걸쳐 거룩한 독서라는 기도 방법은 잊혀 지게 되었습니다. 그 대신 더 내관적이고 심리를 살피는 경향의 근 대적 신심과 이냐시오식 묵상의 시대가 열리게 되었던 것입니다. 거 룩한 독서는 단지 수도승들과 마리아의 종 수도회에서만 온전히 보 존되어 왔을 따름입니다. 그러던 차에, 마침내 제2차 바티칸 공의회 에 이르러 「계시헌장」이 다음과 같이 선언하게 되었던 것입니다(25항):

> 모든 이가 끊임없는 거룩한 독서와 … 주의깊은 묵상을 통하여 성 서와 친숙하게 되어야 한다. … 독서에는 기도가 동반되어야 함을 잊지 말아야 할 것이다.

두말할 나위 없이, 말씀을 듣고 기도하는 이 방법이 여러 세기에 걸 쳐 완전히 없어지지 않게 하신 분은 바로 성령이십니다.

❷ 거룩한 독서의 장소

형제여, 그대가 이 **기도에 젖은 독서**에 잠기고 싶다면, 무엇보다 **고독과 침묵의 장소**를 찾으십시오. 그리하여 그 비밀스런 곳에서 아버지께 기도하고, 그곳에서 그분을 관상할 수 있도록 하십시오.

그대의 방은 하느님의 현존을 맞들일 수 있는 장소임을 잊지 마십 시오.[3] 사실 이곳이야말로 그대의 영적 투쟁이 벌어지는 전장戰場이며, 예수께서도 기도하시고 유혹을 받으셨던 사막입니다.[4] 하느님께서는 바로 이곳에서 그대를 당신께로 끌어당기시며 그대의 마음에다 속삭이십니다. 그분은 바로 이곳에서, 가슴 깊은 곳에서 소용돌이치는 번뇌의 심연을 희망의 계곡으로, 희망의 문으로 바꾸어주심으로써[5] 그대를 충만한 선물로 채우시는 것입니다. 이처럼 고적한 장소에서 그대의 영적 젊음은 쇄신될 것이며 바로 여기서 그대의 주님이신 분, 신랑이신 분께 노래 부를 수 있게 되는 것입니다. 바로 여기서 그대는 오직 그분께만 속한다는 사실을 느끼게 되며, 모든 사람들과 평화로운 관계를 누리게 됩니다. 나아가 생명이 있는 것이든 없는 것이든 모든 피조물과도 평화로운 관계를 누리게 됩니다.[6]

형제여, 요컨대 그대의 방이나 한갓진 장소가, 하느님께서 당신 말씀으로써 그대를 낮추시고 또 시험하심으로써 그대를 훈육하시고 위로하시며 양육하시는 성소聖所가 되게 하십시오. 물론 여기서 그대는 틀림없이 "적대자"의 현존도 느끼게 될 것입니다. 그는 그대가 도망치고 싶은 마음을 지니도록 부추길 것이며, 고독을 견딜 수 없는 무게로 느끼게 할 것입니다. 그대의 습관이나 걱정거리 따위를 이용하여 정신을 분산시킬 것입니다. 수만 가지 세속적인 생각들로 그대를 유혹하려 들 것입니다. 그러나 기운이 꺾이거나 좌절하지 마십시오. 오히려 마귀와 몸을 부딪치며 겪는 이 싸움을 꿋꿋이 견뎌내십시오. 사실 이때 주님께서는 그대와 멀리 떨어져 계시지 않습니다. 그분은 단지 그대의 싸움을 지켜보실 뿐만 아니라, 그대 안에서 몸소 싸워주고 계십니다. 성화상(聖畫像, ikon) 앞에서 기도하는 것도 도움이 될 수 있을 것입니다. 촛불을 밝힌다든지 십자가를 앞에 두든지, 무릎꿇고 기도할 수 있도록 방석을 사용한다든지 하는 것도 도움이 될 것입니다. 이런 방편의 사용을 주저할 필요는 없습니다. 물론 겉멋을 찾는 유행에 떨어져서는 안될 터이지만. 이 방편들은 그대가 지금 단순히 성시를 연구하거나 말씀을 읽는 정도에 그치는 것이 아니고 하느님 앞에 있다는 사실을 일깨워줄 것입니다. 그리하여 그분과의 대화에 들어가면서 그분의 말씀을 귀담아들을 태세가 되도록 도와줄 것입니다.

그만 자리에서 일어나 도망가고 싶은 유혹이 오더라도 지그시 견디십시오. 맨숭맨숭 아무 말도 할 수 없는 상태가 되는 한이 있더라도 지그시 눌러앉아 계십시오. 인격적인 기도 안에서 정녕 하느님을 만나뵙고자 한다면, 우리는 고독과 침묵의 시기, 세상사나 형제들과 떨어져 지내는 시기와도 친숙해야 합니다.

3 거룩한 독서의 시간: 하느님께서 말씀하시도록 침묵하는 시간

형제여, 거룩한 독서의 장소와 시간이 우선 외적 침묵을 보장해 주어야 합니다. 왜냐하면 외적 침묵은 내적 침묵의 필수적인 전제이기 때문입니다.

스승께서 지금 여기 계시고, 그대를 부르고 계십니다.[7] 그분의 목소리를 듣기 위해서는 다른 목소리들이 잠잠해져야 합니다. 주님의 말씀을 듣기 위해서는 사람의 목소리들은 잦아들어야 합니다. 다른 때보다 더 고요한 시간들이 있습니다. 한밤중이라든지 새벽녘이라든지 혹은 저녁답이 그렇습니다. 그대의 소임 시간표를 감안하면서 적당한 때를 선정할 수 있을 것입니다. 그러나 정해진 시간은 충실히 지켜야 합니다. 그리고 한번 그 시간을 일과 속에 고정시켜 놓은 다음에는 바꾸지 말아야 합니다. 일과 일 사이에 짬을 내서 주님을 만나러 가는 것은 진지한 태도가 아닙니다. 주님은 하루 일과의 짬을 메우는 "땜질용"이 될 수 없는 까닭입니다. 결코 시간이 없다고 말하지 마십시오. 그것은 스스로 우상숭배자라고 선언하는 꼴입니다. 하루의 시간이 그대를 위해 있는 것이지, 그대가 시간의 종인 것은 아니지 않습니까!

형제여, 고요에 젖어드십시오. 그리고 거룩한 독서의 시간이 그대의 생활 리듬을 이끌어 나가게 하십시오. 물론 지치지 않고 (마음으로) 늘 기도해야 한다는 것은 사실입니다.[8] 그러나 **하느님의 기억**을 하루 온종일 유지하기 위해, 드러나게 분명히 기도하는 구체적이고 정해진 시간이 있어야 한다는 것도 사실입니다. 그대는 주님과 사랑에 빠져 있습니까? 혹은 그렇게 되고자 합니까? 정녕 그러하다면 그대가 보통 아내나 남편을 위해 혹은 가족이나 친구들을 위해 지치지 않고 매일 따로 시간을 내듯이, 주님을 위해서도 따로 시간내는 일을 가볍게 생각해서는 안됩니다.

사랑하는 형제여, 거룩한 독서의 시간은 넉넉히 길어야 한다는 사실을 유념하십시오. 그 시간이 여가의 조각 시간이어서는 안됩니다. 착 가라앉아서 평정에 들기 위해서는 몇 분의 시간으로는 어림 없습니다. 거룩한 독서를 위해서는 적어도 한 시간이 필요하다고 교부들은 말하고 있습니다.

그대는 하루에도 얼마나 많은 말들을 듣게 됩니까! 글들은 또 얼마나 많이 읽게 됩니까! 사람의 말이 주님의 말씀을 질식시켜서는 안됩니다. 이 점에 있어서도 그대는 조심해서 깨어 있어야 합니다. 세속적인 말들이 너무 많으면 주님의 말씀이 어찌 그 말들 위에 놓일 수 있겠습니까? 매일 어김없이 거룩한 독서를 한다고 해서 "**말**

씀"과 "말들"의 관계를 검증할 의무가 면제되는 것은 아닙니다. "말들"은 양으로나 질로나 모두 거룩한 말씀을 질식시킬 수 있습니다. 그리하여 우리 안에서 거룩한 말씀이 자라고 열매맺지 못하도록 할 수 있는 것입니다.[9] 온갖 잡다한 것들을 다 읽고 세속적인 말들을 주워들으며 마음에 순결하지 못한 잔영들을 깊이 새겨놓는 그런 독서를 일삼는다면, 하느님의 입에서 나오는 말씀으로 사노라 자처하는 것이 과연 무슨 의미가 있는 것일까요? 우리 생활 안에서 "말씀"과 "말들"의 관계를 잘 살펴보지 않는다면 어쭙잖은 초심자 신세, 절름발이 귀동냥꾼 신세를 면치 못합니다. 진정한 성숙의 여정에는 접어들 수 없습니다.

4 넉넉하고 선량한 마음으로

형제여, 하느님께서 그대를 대화의 시간으로, 침묵 속의 고독으로 부르셨다면, 그것은 그대의 마음에 속삭이시기 위함입니다.

성서에 따르면 "마음"은 사람의 지성적 기능이 자리잡은 곳, 곧 사람의 중심입니다. 마음은 인격의 가장 그윽한 곳을 뜻하는 말입니다. 그렇다면 마음이야말로 거룩한 독서의 **주된 기관**이라 하겠습니다. 왜냐하면 모든 사람이 살아가고 또 단 하나뿐인 자기 인격을 표현하는 곳이 바로 이 마음이라는 중핵中核이기 때문입니다. 그러나 할례받지 않은 마음도 있고,[10] 돌 같은 마음도 있으며,[11] 갈라져 둘로 나뉜 마음도 있거니와,[12] 눈먼 마음[13]도 있다는 사실을 그대는 알고 있겠지요? 이 모든 표현은 하느님과 멀리 떨어진 마음의 상태, 신앙에 길들지 않은 마음의 상태를 뜻하는 것입니다. 믿는 이의 마음은 때로 방탕한 생활이나 술취함, 일상사의 걱정[14] 따위로 무거워지거나 굳어질 수 있습니다. 심지어 주님의 말씀과 역사하심을 알아보지도 이해하지도 못하는 정도로까지 마음은 무디어질 수 있습니다.[15] 나아가 마음은 안절부절못하고 갈팡질팡하기도 합니다. 한 마디로 말씀을 잊거나 말씀에서 벗어날 수도 있다는 것입니다.[16] 이런 상태는 마음이 "육"으로부터, 유행하는 이데올로기나 교만이라는 큰 죄 따위로부터 자양분을 길어올리려 할 때 생깁니다. 하느님의 말씀을 귀담아듣는 법을 배운 형제여, 마음을 손에 받쳐들고 하느님께로 들어올리십시오. 그리하여 하느님께서 그대의 마음을 살 심장으로 만드시고, 하나로 모아주시고, 굳건하게 하시며 정화하실 수 있게 하십시오. 어린이다운 마음만이 하느님의 선물을 받을 수 있습니다.[17]

형제여, 주님께서 새롭게 만들어주신 마음만이 비로소 열려서 귀 기울여 들을 수 있게 됩니다. 주님께서는 간청하는 이에게 새 마음을 주시겠노라 약속하신 바 있습니다.[18] 그리고 자신의 마음이 무디어졌음을 인정하고 하느님 앞에 다시 서는 이의 마음을 당신 말씀에 기울어지게 하겠노라 약속하신 바 있습니다.[19] 그분은 매일 우리에게 소리쳐 말씀하십니다: "너희는 마음을 완고하게 하지 마라!"[20] 굳은 마음에게는 말씀도 굳어 있습니다. 이것은 믿는 이에게도 생길 수 있는 일입니다: "이 말씀이 모질구나. 누가 차마 들을 수 있겠는가?"[21] 그러므로 현자 솔로몬이 주님께 청했듯이,[22] **넉넉한 마음, 들을 귀가 있는 마음**을 청할 일입니다.

거룩한 독서를 할 때 씨뿌리는 사람의 비유를 기억하십시오. 주님은 당신 말씀의 씨를 뿌리고 계시는 분이십니다. 그대는 말씀이 떨어지는 땅과도 같습니다. 돌밭일 수도 있고 온갖 일이 다 생기는 길일 수도 있으며, 가시밭일 수도 있고 좋은 땅일 수도 있습니다. 말씀은 좋은 땅에 떨어져야 합니다. 그리고 그대는 **선량하고 갈라지지 않은 마음으로 말씀을 듣고서는 그것을 간직하여 참고 견디는 가운데 열매를 맺어야 합니다.**[23]

정화된 마음, 하나로 통합된 마음, 굳건해진 마음이라야 성부와 성자와 성령께서 오시어 머무시며 거룩한 독서를 친히 거행하시는 곳이 됩니다.[24]

마음은 말씀을 위해 있는 것이고 말씀은 마음을 위해 있습니다. 시편 119장 111절의 노래가 도움이 될 것입니다: 여기서는 그분의 말씀은 나의 것이 되고, 내 마음은 그분의 것이 되어 노래하고 있습니다. 이렇게 되면 "혼인잔치"라고도 할 만합니다.

형제여, 이렇게 될 때 그대의 마음은 하느님의 일들을 유순히 따르는 제자의 마음이 되어 설명도 필요없이 말씀을 바로 체험할 수 있게 될 것입니다. 정녕 말씀을 마음에 간직하며 그 뜻을 되새길 줄 알던 주님의 어머니처럼 말입니다.[25] 혹은 그리스도의 발치에 앉아 그 말씀을 귀담아들을 줄 알던 베다니아의 마리아처럼 말입니다.[26]

"마음을 드높이!" 성찬의 전례를 거행하기 시작하면서 하는 이 외침은, 동시에 거룩한 독서를 시작하면서 우리 안에서 솟아나야 할 외침이기도 합니다.

5 성령의 청원

형제여, 이제 성서를 들고 삼가는 마음으로 그대 앞으로 모셔 오십시오. 왜냐하면 그대는 그리스도의 몸을 대하고 있기 때문입니다. 그리고 성령을 청하십시오. 말씀의 탄생을 주재한 분이 바로 성령이십니다. 성령께서, 예언자들과 현자들, 예수님과 사도들, 그리고 복음서 저자들을 통하여, 말씀으로 하여금 직접 말씀하도록 하셨을 뿐만 아니라, 글로 기록되게까지 하셨습니다. 바로 그분께서 말씀을 교회에 건네주셨고, 우리에게까지 온전히 전해 오도록 하셨습니다.

성령의 영감으로 기록된 말씀은 단지 성령에 의해서만 이해할 수 있습니다.[27] 그러므로 성령께서 그대 안에 내려오실 수 있게 온갖 채비를 다 갖추십시오. **오소서, 창조자이신 성령님**! 그리하여 그분의 힘이 그대의 눈에서 너울을 걷어, 그대가 주님을 뵈올 수 있도록 하십시오.[28] 생명을 주시는 분이 바로 성령이십니다. 반면 성령 없이는, 문자는 죽을 따름입니다! 그대가 청하는 성령은 동정 마리아께 임하셔서 당신의 능력으로 감싸주시고 그 안에 로고스가, 즉 말씀께서 몸이 되게 하신 바로 그 성령이십니다.[29] 사도들에게 내리셔서 진리를 온전히 알도록 이끌어주신 바로 그 성령이십니다.[30] 따라서 이 성령께서는 그대 안에서도 같은 일을 이루셔야 합니다. 즉, **그분은 그대 안에서 말씀을 탄생시켜 주셔야 합니다. 그리고 그대를 온전한 진리로 이끌어주셔야 합니다.** "영적" 독서, 즉 거룩한 독서란 성령 안에서 이루어지는 독서를 뜻하는 것입니다. 성령께서 말씀하신 것을 성령과 함께 읽는 것을 뜻합니다.

쉬이 오시지 않더라도 그분을 기다리십시오. 곧 오실 것입니다.[31] 예수께서 하신 말씀에 대해 확신을 지니십시오: "그대들이 악해도 자녀에게 좋은 선물을 줄 줄 알진대, 하물며 하늘에 계신 아버지께서야 청하는 이에게 성령을 주시지 않겠습니까!"[32]

효력을 발생시키는 말씀을, "열려라!"(Effatà!)라는 그 말씀을 그대 안에서 들으십시오.³³ 그러면 성서 본문 앞에서 혼자 있는 것이 아니라 성령께서 함께 계심을 느끼게 될 것입니다. 이사야 예언서를 읽던 에디오피아 내시는 필립보를 만나기 전까지 말씀을 알아듣지 못했습니다. 필립보가 오순절에 받은 성령으로 그에게 성서 본문의 뜻을 밝혀주고 그의 마음을 변화시켜 주었을 때 비로소 그는 말씀을 알아듣게 되었습니다.³⁴ 엠마오로 가던 제자들도 마찬가지입니다. 그들도 부활하신 주님께서 그들의 지력을 밝혀주셨을 때 비로소 성서를 이해할 수 있게 되었던 것입니다.³⁵

따라서 **성령의 청원 없이 하는 거룩한 독서는 인간적 수련에 지나지 않습니다. 지적 노력에 불과하다는 말입니다.** 잘해야 인간적 지혜를 배울 수 있을지 모르나 신적 지혜는 어림도 없습니다. 그리스도의 몸으로 알아보지 못하면서 성서를 읽는 것은 스스로의 단죄를 읽는 것과 같습니다.³⁶

그대의 능력대로, 주님께서 그대에게 허락하신 그만큼 기도하십시오. 혹은 다음과 같이 기도해 보십시오:

> 빛이신 우리 아버지 하느님, 아버지께서는 세상에 당신의 말씀을 보내셨나이다. 이 말씀은 아버지의 입에서 나온 지혜로서, 땅 위의 모든 민족 위에 군림하시나이다.³⁷
>
> 아버지께서는 이 지혜로 하여금 이스라엘 안에 머물게 하셨으며 모세와 예언자와 시편을 통해³⁸ 아버지의 뜻을 드러내게 하셨습니다. 또한 메시아이신 예수에 대해 아버지의 백성에게 말씀해 주셨습니다. 그러다가 마침내, 아버지와 함께 계신 영

원한 말씀이신 아드님 예수께서 몸소 사람의 몸이 되셔서 우리 가운데 당신 장막을 치기를 원하셨습니다.[39] 그리하여 예수께서는 성령으로 잉태되어 마리아에게서 나셨습니다.[40]

이제 저에게 성령을 보내주시어 말씀을 귀담아들을 수 있는 마음을 지니게 하소서.[41] 이 거룩한 성서 안에서 말씀을 만나 그분께서 제 안에 탄생하실 수 있게 하소서. 아버지의 이 거룩한 성령께서 제 눈에서 너울을 벗겨주시고[42] 저를 온전한 진리로 인도하게 하소서.[43] 저에게 이해력과 항구함을 주소서.

이 모든 것을 영원히 찬미받으시는 우리 주 그리스도를 통하여 비나이다. 아멘.

형제여, 이런 시작 기도를 하면서 특히 시편 119장의 도움을 받으시기 바랍니다. 이 시편은 "말씀 경청의 시편"이라 일컬을 수 있습니다. 이것은 거룩한 독서의 시편입니다. 사랑하는 이가 사랑받는 이와 나누는, 그리고 믿는 이가 그의 주님과 나누는 정담의 시편이라 할 수 있습니다.

6 읽읍시다!

형제여, 이제 성서를 펼쳐 본문을 읽으십시오. 결코 손가는 대로 펼쳐서 읽지는 마십시오. 하느님의 말씀은 눈에 띄는 대로 주워들어서는 안되는 법입니다. 전례 독서집의 순서를 따르거나 교회가 그대에게 정해주는 성서 본문을 받아들이십시오. 아니면 성서 중 한 권을 택하여 처음부터 끝까지 연속 독서를 하십시오.

전례 독서집의 흐름에 순명하는 것이나 한 책의 연속 독서 원칙에 순명하는 것은 일상의 순명을 위해 본질적인 것입니다. 이것은 또한 거룩한 독서의 연속성을 위해서도 중요할 뿐더러, 마음에 들거나 자기에게 필요하다고 생각되는 단락을 선택하는 주관주의에 빠지지 않기 위해서도 중요합니다. 이 엄정한 원칙에 그대는 충실해야 합니다.

교회 전통이 여러 전례 시기에 정해 놓은 성서를 선택할 수도 있고, 평일 독서집에 나오는 성서 중 한 권을 선택해도 좋습니다. 그리고 성서 본문을 많이 읽는 것도 능사는 아닙니다. **한 단락이나 다만 몇 구절이라도 충분합니다!** 그리고 주일의 성서 본문들로 거룩한 독서를 할 경우, 제1독서(구약)와 세번째 독서(복음)는 내용상 병행하므로 두 가지가 다 기도의 대상이 된다는 사실을 유념하시기 바랍니다. 주일 독서집은 커다란 선물입니다. 이것은 깊은 영적 지혜의 산물입니다. 이에 비하면 평일 독서집은 연속성이 좀 부족합니다. 이 점 때문에 어려움을 느낀다면 성서의 다른 한 권을 택하여 거룩한 독서를 연속 독서로 진행하는 것이 더 낫습니다.

성서 본문을 단 한 번 읽고 말 것이 아니라 여러 번, 그리고 소리 내어 읽으십시오. 히브리어나 그리스어 원어로 본문을 읽을 수 있으면 좋습니다. 이른바 70인 역본(Septuaginta)이나 라틴어 번역본(Vulgata)을 사용하는 것도 좋겠지요. 이들은 교회가 오랜 세월 동안 존경해 온 번역본들입니다. 그러나 거룩한 독서를 위해서는 사실상 국어 번역본만으로도 충분합니다.

읽을 단락이 거의 외울 만큼 잘 알고 있는 것이어서 부리나케 읽고 지나가고 싶은 유혹을 느낄 수도 있습니다. 이럴 때에는 급하게 피상적으로 읽는 것에 제동을 걸 수 있는 방편들을 주저없이 사용하시기 바랍니다. 예컨대 성서 본문을 필사하는 것입니다! 국제적으로 명성을 얻고 있는 주석학자 친구가 있는데, 그는 거룩한 독서 때에 성서 본문을 베껴쓴다고 털어놓은 적이 있습니다. **외우고 있는 것**과 **기록된 것** 사이에 얼마나 큰 차이가 있는지를 보기 위해 그는 자주 이 방법을 쓴다고 했습니다. 단지 눈으로만 읽지 마십시오. 극히 주의깊게 살피면서 성서 본문을 마음에 각인하도록 애써야 합니다.

병행 구절들이나 여백에 참조하라고 적힌 구절들도 함께 읽으십시오. 이것은 특히 "예루살렘 성서"*Jerusalem Bible*나 "불어판 공동번역 성서"*TOB*를 사용할 때 해당되는 말입니다. 이 두 가지는 참으로 유익한 책들입니다. 메시지의 범위를 확장시키고 보충하며, 그날의 성서 본문과 연결되는 다른 단락들을 대조해 가며 읽으십시오. 왜냐하면 말씀은 스스로의 해석자가 되기 때문입니다. 유명한 금언이 하나 있는데 "성서는 스스로의 해석자"[44]라는 것입니다. 이것은 거룩한 독서를 하면서 랍비들과 교부들에게 공통된 일대 원칙이었습니다.

독서는 경청이 되어야 하고 경청은 순명이 되어야 합니다. 서둘지 마십시오. 독서에 몰두하십시오.[45] 읽는 것은 주의깊게 듣기 위한 것이기 때문입니다. **말씀은 귀기울여 "들어야" 하는 것입니다.** 한 처음에 말씀이 있었지, 이슬람에서처럼 책이 있었던 것이 아닙니다. 말씀하시는 분은 하느님이시고, "읽기"는 단지 귀기울여 "듣기" 위한 방편에 지나지 않습니다. "들어라, 이스라엘아!" 이것은 성서 본문으로부터 솟아 내게로 향해 오는 하느님의 우렁찬 음성인 것입니다.

7 묵상합시다!

형제여, 묵상이란 말은 무엇을 뜻할까요? 한마디로 말하기가 쉽지 않습니다. 물론 그것은 무엇보다 먼저 **하느님께서 전해주고자 하시는 메시지의 독서를 심화시키는 것입니다.** 그렇다면 애쓰고 공을 들여야 합니다. 독서는 주의깊고도 심오한 사색이 되어야 하기 때문입니다. 이런 사색이 쉬웠던 때가 있었습니다. 그런 시절 그리스도인들은 듣거나 읽은 말씀을 참으로 수월하게 마음으로 되풀이할 수 있었습니다. 그들은 성서를 외우고 다녔던 것입니다. 오늘날에도 우리는, 각자의 지성적 수준이나 능력, 그리고 갖추고 있는 참고 자료 등에 맞추어, 이런 사색에 전념할 수 있어야 합니다.

물론 "학식이 아니라 기름부음 받음, 학문이 아니라 의식, 성서의 문자가 아니라 사랑"이 더 중요하다는 원칙을 우선 유념해야 하겠습니다.[46] 그렇다고 해서 아무렇게나 되는 대로, 즉 진지한 추구라면 으레 요구되는 엄격함도 또 이해를 돕는 보조 자료도 없이 독서가 이루어져서는 안됩니다. 할 수 있다면 성서의 여러 권들에 대한 교부들의 주해나 어휘 색인을 참조하시기 바랍니다. 그것은 성서로써 성서를 주해할 수 있기 위함입니다. 또한 여러 주석서나 영적 주해도 참고하십시오. 그러나 제대로 된 연구라고 내세우거나 영성적이라고 자처하는 수많은 책들의 질을 잘 살펴야만 합니다. 성서 본문에도 또 전통에도 충실하지 않은 이런 책들은, 한낱 개인적인 견해나, 아름답되 뜬구름 잡는 소리만 늘어놓는 경우가 허다하기 때문입니다. 특히 이른바 "말씀의 새로운 응용"인 양 내로라 하는 책들을 조심하십시오. 이런 책들에서는 말씀이 이용당하고 있습니다. 평일이나 축일용 미사 독서집의 영성적 해설서들도 주의깊게 살펴 선택해야 합니다. 성서 본문과 별 관련도 없는 즉흥적인 단서들을 작위적으로 짜맞추어 늘어놓거나, 하느님의 말씀보다는 글쓴이의 말이 훨씬 더 설치고 있는 내용일 경우가 많기 때문입니다.

"경청은 주어진 성서 본문을 수동적으로 받아들이는 것이 아니다. 그것은 거룩한 말씀의 한없는 의미를 점점 더 깊이 꿰뚫어보며 이해하려는 그리스도인의 노력이다. 그리고 이러한 노력은 영적 성숙의 정도와 (말씀의 의미를 다각도로 적용하려는) 집요함에 비례한다." 오리게네스의 이야기입니다.

이 모든 주석학적이고 교부적이며 영성적인 참고 자료들이 묵상과 이해의 성장을 위해 유익하다는 사실에 대해서는 의심할 나위가 없습니다. 그럼에도 불구하고 **거룩한 독서에는 개인적인 노력이 필요합니다.** 이때 개인적이라는 말은 사사롭다는 말과는 구분되는 것입니다. 이러한 개인적 노력은 공동체 체험이 있거나 형제적 단체 혹은 동아리 생활의 체험이 있는 사람의 경우 분명히 더욱 풍요로워집니다. 여러 형태의 이런 공동체들은 말씀의 제자로 사는 법을 배우는 진정한 장소이기 때문입니다. 여기서는 **단지 말씀을 함께 읽을 뿐만 아니라 함께 체험하고 함께 생활하는 것입니다.**

이런 개인적 노력을 통하여 성서 본문의 정곡이 어디 있는지를 찾아야 합니다. 더 많은 감흥을 불러일으키는 구절보다는 중심되는 메시지, 다시 말해 주님의 죽으심과 부활하심의 사건과 더 긴밀히 연결되는 메시지가 중요한 것입니다. 그러므로 영적 의미를 찾으십시오. 주석과 교부들의 해설, 그리고 성서로써 해석된 성서 독서 사이에 연속성과 일관성이 있게 하십시오. 나아가 주님께서 그대에게 말씀하시는 바가 무엇인지를 찾으십시오.

이미 알고 있는 바를 독서에서 찾으려 해서는 안되겠습니다. 그것은 주제넘는 일입니다! 현재 처한 상황을 염두에 두고서 더 마음에 드는 것을 찾으려 해서도 안됩니다. 이것은 독서의 주체인 자신에게 전권을 부여하는 것과 같은 행위입니다! **성서 본문 전부가 항상 그리고 즉시 이해되는 것은 아닙니다!** 별로 알아들은 바가 없다는 사실을, 혹은 전연 알아듣지 못했다는 사실을 겸손히 인정할 필요가 종종 생깁니다. 지금 알아듣지 못한 것은 나중에 알아듣게 될 것입니다. 이런 겸손 역시 순명입니다. 그대가 아직 젖을 먹어야 한다면, 단단한 음식을 먹을 수 없는 것은 자명한 이치입니다.[47]

형제여, 어떤 것을 다소나마 알아들었다면 이제 말씀을 마음속에서 되새김질하십시오(교부들은 "되새김질"이라는 표현을 썼습니다). 그리고 그 말씀을 그대와 그대의 현재 상황에 적용하십시오. 이때 유념할 것은, 심리 관찰이나 내관주의에 빠지거나 양심성찰로 끝나버리는 일이 없어야 한다는 점입니다. 그대에게 말씀하시는 분은 바로 하느님이십니다. 그분을 바라보아야지, 그대 자신에게 시선이 묶여서는 안됩니다. 그대의 한계나 부족함 따위를 세심하게 분석함으로써 방해받는 일이 없도록 하십시오. 말씀은 단지 그대의 주의깊음을 요구할 따름입니다.

물론 말씀이 그대의 마음을 간파하고 심판하신다는 것도 사실입니다. 그대의 죄에 대해 확신하게 하는 것입니다. 그러나 하느님은 그대의 양심보다 더 크시다는 사실을 기억해야 합니다.[48] 하느님께서 우리의 마음을 찔러 통회를 불러일으키실 때에는, 언제나 진실뿐만 아니라 자비로써 그리하시는 것입니다.

그대의 마음에 말씀하시는 하느님 자신이 바로 그대 안에 놀라움을 불러일으키십시오. 그분께서 주시는, 언제나 구원에 도움이 되는 풍족한 양식에 놀라워하십시오. 말씀이 그대의 마음에 위탁되었다는 사실에, 그래서 그 말씀을 찾기 위해 하늘 위로나 바다 밑으로 가야 할 필요가 없다는 사실에 경탄하십시오.[49] 말씀께서 그대를 매혹하시도록 마음을 허락하십시오. 말씀은 그대 자신도 눈치채지 못하는 사이에 그대를 하느님 외아들의 모상으로 변모시킵니다. 그대가 받아들인 말씀은 생명이요 기쁨이며, 평화요 구원입니다. 하느님께서 그대에게 말씀하십니다. 놀라워하며 그분의 말씀에 귀기울이십시오. 마치 하느님의 놀라운 일들을 바라보며 에집트를 탈출하던 히브리인들처럼, 혹은 "권능을 떨치시는 분이 내게 큰 일을 하셨도다, 그분 이름 거룩하도다"[50] 하고 노래하던 마리아처럼 말입니다. 하느님께서는 그대에게 스스로를 드러내십시오. 그분의 형언할 수 없는 "이름"을 모셔들이십시오. 연인이신 그분의 얼굴을 받아들이십시오. 그대는 지금 신앙의 영역 안에 있는 것입니다! 하느님께서는 그대를 훈육하십니다. 그대의 삶을 당신 아드님의 삶에 맞추어 빚고 계십니다. 하느님께서는 스스로를 그대에게 건네주십니다. 스스로를 당신 말씀 안에서 넘겨주십시오. 어린아이처럼 그분을 받아들이고 그분과 맺는 친교 안으로 들어가십시오. 하느님께서 그대에게 거룩한 입맞춤을 해주십니다. 연인들의 혼인잔치와도 같습니다. 그러므로 죽음보다 강하고 "셰올"Sheol보다 강하며 그대의 죄보다 강한 그분의 사랑을 그대의 마음 안에서 경하하십시오. 하느님은 그대를 "로고스"로 탄생시키십니다. "말씀"으로, 아들로 탄생시키시는 것입니다. 하느님의 외아드님, 바로 그분 자신이 되기 위해 그대가 탄생되었다는 사실을 받아들이십시오. 아버지와 아드님과 성령의 처소가 되기 위해 … 묵상과 되새김은 정확히 이 지점으로 그대를 인도해 주어야 하는 것입니다!

그대의 마음이 **전례의 장소**(聖所)입니다. 그대의 전 인격이 성전입니다. 그것은 신적인 동시에 인간적인 실재, "신-인적"(teandrica) 실재입니다.

8 기도합시다!

형제여, 이제 하느님께 말씀드리십시오. 그분께 응답하십시오. 그분의 초대에, 그분의 부르심에, 그리고 그분이 주신 영감과 일깨워주신 생각들에 응답하십시오. 나아가 성령을 통해 말씀 안에서 그대에게 전해진 메시지에 응답하십시오. 이제 그대는 삼위일체의 영역 안으로 깊숙이 받아들여졌음을 느끼지 않습니까? 그대는 아버지와 아드님과 성령 사이의 형언할 수 없이 신비로운 대화 속으로 들어온 것입니다. 더이상 사색하느라 걸음을 멈추지 마십시오. 곧바로 대화로 들어가십시오. 그리고 친구가 친구에게 하듯 그렇게 주님께 여쭈십시오.[51] 그대의 생각을 그분의 생각과 같게 하려고 애쓰지도 마십시오. 곧바로 그분 자신을 찾으십시오. 묵상의 목표는 바로 기도였습니다. 이제 이 목표에 도달한 것입니다! 영적인 잡담에 빠지는 일 없이, 그분과 솔직하고 허심탄회하게 말씀을 나누십시오. 신뢰에 찬 자세로 두려워 말고 말씀드리십시오. 자신으로부터는 모든 주의를 거두어들이고, 단지 성서 본문에서 솟아오른 주 그리스도의 얼굴에 마음을 빼앗기십시오. 감수성과 감정, 그리고 정서적 충동과 같은 모든 창조적 힘을 자유로이 풀어놓으십시오. 그것들을 주님께서 쓰시게 하십시오. 저는 이 지점에서 많은 설명을 할 수가 없습니다.

왜냐하면 여기서는 각자가 자신이 하느님과 가지는 만남이 어떠한지 알고 있기 때문입니다. 이것은 말로는 옮겨 전하기 어려운 것입니다. 자기자신에 대해서도 무어라 표현할 수 없습니다. 불 속에 삼켜진 사람이 불에 대하여 도대체 무엇을 말할 수 있겠습니까? 거룩한 독서의 말미에 기도-관상에 잠긴 사람도 이와 마찬가지입니다. 그가 할 수 있는 말이라고는, 기도(관상)란 (모세가 본) 불타는 가시덤불과도 같아서 자신은 타지 않으면서 다른 것을 태우고, 믿는 이의 심장에 불을 놓아 사랑의 불덩어리가 되어버리게 한다는 것뿐입니다.

형제여, 거룩한 독서는 하느님 현존 체험의 형언할 수 없는 예술입니다. 거룩한 독서는 그대로 하여금 "사랑받는 이"가 되어, 자기를 잊어버리고 기쁨과 놀라움으로 "사랑하시는 분"의 말씀을 관상하고 또 되풀이하여 말하도록 하는 것입니다. 그러나 이런 여정이 늘 쉽고 단순하게 이루어진다고 여기지는 마십시오. 이 여정은 또한 늘 끝까지 다 갈 수 있는 것도 아닙니다. 두려움과 열정적 사랑, 감사와 영적인 건조함, 흥분과 육체의 무기력증, 말씀하시는 말씀과 묵묵하기만 한 말씀, 나의 침묵과 하느님의 침묵 … 매일의 거룩한 독서에는 이 모든 것들이 함께 존재하고 끼여듭니다.

중요한 것은 이 만남의 시간에 충실한 것입니다. 그러면 조만간 말씀은 스스로 돌파구를 마련하여, 신앙과 기도의 여정에 노상 있게 마련인 우리의 장애물들을 뛰어넘어 마음을 뚫고 들어오십니다. 말씀과 열심히 접촉하는 사람만이 하느님께서는 충실한 분이시므로 자신을 드러내시며 잊지 않고 우리 마음에 말씀하신다는 사실을 압니다. 더러 하느님의 말씀이 드물게 내리는 시기가 오지만,[52] 그 뒤에는 하느님의 현현顯現이 이어지는 법입니다. 나아가 힘들고 때로는 좌절감을 맛보는 영적 건조함의 시기는 은총으로서, 우리가 하느님께 대한 충만한 지식을 지니기에는 아직 멀었다는 사실을 상기시켜 줍니다.

형제여, 선사된 말씀에 대해 하느님께 감사드리십시오. 이 말씀을 그대에게 선포하고 설명해 주는 이들을 위해서도 감사드리십시오. 그리고 성서 본문이 그대의 마음에 떠올려준 모든 형제들, 곧 그들의 덕행으로 말미암아서든 혹은 넘어짐으로써이든 성서 본문을 통하여 그대가 기억하게 되는 모든 형제들을 위해서 기도하십시오. 그리고 말씀의 양식과 성찬의 양식을 합치시키려 애쓰십시오.

형제여, 거룩한 독서에서 보고 듣고 맛본 것을 간직하고 마음으로 기억하십시오. 그리고 **사람들과 동행하기 위하여 떠나십시오.** 사람들 사이에 있으면서 그대가 얻은 그 평화와 축복을 겸손히 나누어주십시오. 그대는 또한 하느님의 말씀을 사회적이고 정치적이며 직업적인 일상의 모든 영역 속으로 육화시키는 길을 발견하게 될 것입니다.

형제여, 그대는 새 하늘과 새 땅을 이룩하시기 위해 하느님께서 쓰시는 세상 안의 도구입니다. 하느님은 그대를 필요로 하시는 것입니다. 이 세상을 떠난 후 얼굴을 맞대고 하느님을 뵙는 날이 또한 그대를 기다리고 있습니다. 그대의 오늘이 과연 그리스도께서 새기신 살아 있는 글인지 아닌지, 그날 그대는 보게 될 것입니다. 나아가 형제들을 위한 거룩한 독서인지, 하느님의 외아들 자신인지 아닌지, 그날 그대는 보게 될 것입니다.

엔조 수사

주

[1] 2디모 3,14-16 참조.
[2] 신명 8,3; 마태 4,4 참조.
[3] 마태 6,5-6 참조.
[4] 마르 1,12.35; 마태 4,1-11 참조.
[5] 호세 2,16-17 참조.
[6] 호세 2,18-25 참조.
[7] 요한 11,28 참조.
[8] 루가 18,1-8; 1데살 5,17 참조.
[9] 마르 4,13-20 참조.
[10] 신명 30,6; 로마 2,29 참조.
[11] 에제 11,19 참조.
[12] 시편 119,113; 예레 32,29 참조.
[13] 애가 3,65 참조.
[14] 루가 21,34 참조.
[15] 마르 6,52; 8,17 참조.
[16] 2베드 3,16; 루가 8,13 참조.
[17] 마르 10,15 참조.
[18] 에제 18,31 참조.
[19] 시편 119,36 참조.
[20] 시편 95,8; 히브 3,8.
[21] 요한 6,60.
[22] 1열왕 3,5 이하 참조.
[23] 루가 8,15 참조.
[24] 요한 14,23; 15,4 참조.
[25] 루가 2,19.51 참조.
[26] 루가 10,39 참조.
[27] 「계시헌장」 12 참조.
[28] 시편 119,18; 2고린 3,12-16 참조.
[29] 루가 1,34 참조.
[30] 요한 16,13 참조.
[31] 하바 2,3 참조.
[32] 루가 11,13.
[33] 마르 7,34 참조.
[34] 사도 8,26-38 참조.
[35] 루가 24,45 참조.
[36] 1고린 11,29 참조.
[37] 집회 24,6-8 참조.
[38] 루가 24,44 참조.
[39] 요한 1,1-14 참조.
[40] 루가 1,35 참조.
[41] 1열왕 3,5 참조.
[42] 2고린 3,12-16 참조.
[43] 요한 16,13 참조.
[44] Scriptura sui ipsius interpres.
[45] 성 베네딕도가 규칙서에서 즐겨 쓰는 표현. 48장의 여러 곳과 10,22 참조 — 역자 주.
[46] 시에나의 복자 프란치스코가 남긴 말. 본문 78쪽 참조 — 역자 주.
[47] 1고린 3,2; 히브 5,12 참조.
[48] 1요한 3,20 참조.
[49] 신명 30,11-14 참조.
[50] 루가 1,49.
[51] 신명 34,10 참조.
[52] 1사무 3,1 참조.

14
귀고 2세:「관상생활에 대해 쓴 편지」[1]

1 인사

주님 안에서 즐거움을 누리시길 빌며, 귀고 형제가 사랑하는 제르바시오 형제에게 써 보냅니다.

형제님, 제가 형제님을 사랑하는 것은 빚과도 같이 여겨집니다. 그것은 형제께서 먼저 저를 사랑하셨기 때문입니다. 제가 답신을 쓰지 않을 수 없는 것은, 형제의 편지가 무엇보다도 먼저 이 글을 쓰도록 재촉하였기 때문입니다. 이리하여 저는 수도승들의 영적 수련에 대해 제게 떠오른 몇 가지 생각을 형제에게 전해드릴 뜻을 품게 된 것입니다. 제가 지성으로써 알아들은 바를 형제께서는 체험으로써 더 잘 깨치셨으니, 형제께서 저의 생각을 판단해 주시고 고쳐주시기 바랍니다. 제 노고의 만물을 형제께 바쳐서, 형제께서 저라는 이 젊은 나무[2]의 첫 열매를 수확하시도록 해드리는 것은 당연한 일입니다. 형제께서는 파라오의 종살이에서부터[3] 저를 신묘한 솜씨로 슬쩍 빼돌리셔서 전사戰士들의 질서정연한 진영으로[4] 옮겨다 놓으셨습니다. 그것은 마치 야생 올리브나무 가지 하나를 솜씨좋게 떼내어 좋은 올리브나무에다 지혜롭게 접목한 것에 비길 수 있겠습니다.[5]

❷ 영적 계단의 네 단계

하루는 손노동에 열중하면서, 사람의 영적 수련에 대해 생각하기 시작했습니다. 그때 불현듯 제 내면의 사색에 네 가지 층계가 떠올랐습니다. 그것은 독서lectio, 묵상meditatio, 기도oratio 그리고 관상contemplatio의 네 층계였습니다. 이것은 "수도승들의 계단"scala claustralium으로서, 이로 말미암아 수도승들은 땅으로부터 하늘로 들어올려지게 됩니다. 적은 수의 층계를 지닌 계단이지만, 그 높이는 잴 수도 없거니와 형언할 수도 없습니다. 맨 아랫 부분은 땅에 닿아 있고 그 꼭대기는 구름을 꿰뚫어 있어서 하늘의 비밀을 찾아다닙니다.[6] 층계들은 이름이나 수효에 있어서 서로 다르거니와, 순서와 중요성에 있어서도 서로 다릅니다. 만일 누가, 이 단계들의 특성과 기능, 각각의 단계들이 우리에게 행사하는 영향력, 그리고 각각의 상이성과 중요성으로 본 순서 등을 주의깊게 검토한다면, 여기에 기울인 그의 수고와 노력이 아무리 컸다 해도 그것을 짧고 쉽게 여길 것입니다. 왜냐하면 유익함과 감미로움이 대단히 큰 작업이기 때문입니다.[7]

독서는 열심한 마음으로 성서를 주의깊게 살펴보는 것입니다. 묵상은 지성의 열심한 활동으로서, 자기 이성의 도움을 받아 순은 진리에 관한 지식을 탐사하는 것입니다. 기도란 하느님께로 향한 마음의 정성스런 노력으로서, 악을 멀리하거나 혹은 선익을 얻기 위한 것입니다. 관상이란 영혼이 하느님께 이끌려 자기 자신을 넘어서 고양되는 것으로서, 영혼은 이때 영원한 감미의 즐거움을 맛봅니다.[8] 네 단계를 이렇게 설명해 보았으니, 이제 이들이 우리와 관련하여 어떤 활동을 하는지에 대해 이야기할 차례입니다.

3 네 단계들의 기능

독서는 행복한 삶의 감미로움에 대해 살펴보는 것이고, 묵상은 그 감미로움을 발견하는 것이며, 기도는 그것을 청하는 것이고, 관상은 그것을 맛보는 것입니다. 말하자면 독서는 단단한 음식을 입으로 가져가는 것이고, 묵상은 그것을 잘게 씹어서 가루로 만드는 것이며, 기도는 그 맛을 보는 것이고, 관상은 기쁨과 새 힘을 주는 감미로움 그 자체라 하겠습니다. 독서가 껍질에 머무는 것이라면 묵상은 그 속 깊은 데까지 뚫고들어가는 것이요, 기도가 갈망하게 된 바를 청원하는 것이라면 관상은 얻게 된 감미로움을 누리는 것입니다. 이를 더 분명히 이해하기 위하여 많은 예 중 하나를 들어봅니다.

4 독서의 기능

독서중에 이런 구절을 듣는다고 합시다: "복되도다, 마음이 깨끗한 사람들! 하느님을 뵙게 되리니."[9] 짧지만, 영혼을 양육하는 감미롭고도 다양한 의미로 충만한 구절입니다. 이 구절은 마치 포도송이와도 같이 우리에게 선사되었습니다. 영혼은 이를 주의깊게 탐사한 후 이렇게 되뇌입니다: "여기 뭔가 좋은 게 있을 것 같군. 내 마음으로 되돌아가서, 과연 내가 이 순결을 이해할 수 있으며 또 내 안에서 찾을 수 있는지 보리라. 이 순결을 갖춘 이가 복되다 일컬어지며, 또 이 순결에게 하느님을 뵙는 일, 곧 영원한 생명이 약속되었다면, 나아가 성서 여러 곳에서 이 순결을 칭송하고 있다면, 이것은 귀하고도 탐낼 만한 것이 분명해." 이리하여 이 모든 것을 스스로에게 남김없이 설명해 보고 싶은 욕구로 말미암아, 영혼은 이 포도송이를 잘게 씹어 가루로 만들기 시작합니다. 그리고 이를 압착기에

넣습니다. 말하자면 영혼은 이 귀중한 순결이 도대체 무엇이며 또 어떻게 얻을 수 있는 것인지를 탐구해 보도록 이성을 재촉한다는 것입니다.

5 묵상의 기능

이리하여 이제 주의깊은 묵상이 시작됩니다. 이 묵상은 외부에 머물지도 표면에서 어정거리지도 않습니다. 그것은 더 높은 지점으로 발걸음을 옮겨서 속 깊은 곳을 꿰뚫고 모든 세세한 것들을 다 탐사합니다. 그리고 "몸이 깨끗한 이들은 복되다"라고 기록되어 있지 않았다는 사실을 곰곰이 생각합니다. 사실 정신 안에서 악한 생각들로부터 정화되지 않았다면, 악한 일과 거리가 먼 깨끗한 손을 지니는 것만으로는 충분하지 않습니다. 예언자가 다음과 같이 말하면서 이를 권위있게 확언한 바 있습니다: "누가 주님의 산에 오를 수 있으리요? 누가 그분의 거룩한 곳에 설 수 있으리요? 손이 깨끗하고 마음이 결백한 이로다."[10] 나아가 묵상은 같은 예언자가 "제 안에 순결한 마음을 만드소서, 하느님"[11]이라 기도하면서, 혹은 "만일 내가 마음으로 악을 찾았다면, 주님께서 들어주지 않으셨으리라"[12]고 노래하면서, 이 마음의 순결을 얼마나 갈망하는지를 생각합니다. 묵상은 또한 "처녀에게 눈이 팔려 두리번거리지 않겠다고 나는 내 눈과 약속하였네"[13]라고 말한 욥이 이 "마음 지키기"를 얼마나 소중히 여겼는지를 생각합니다. 헛된 것을 보지 않으려고,[14] 그리고 한 번 본 후에는 저도 모르게 원하게 되는 마땅치 않은 것에 눈길이 팔리지 않으려고, 두 눈을 감았던 이 거룩한 사람은 얼마나 스스로 삼갔던지요!

마음의 순결에 대해 이런 생각들 및 유사한 다른 사색을 하고 난 다음, 묵상은 이제 약속된 보상에 대해 생각하기 시작합니다. 뵈옵고자 했던 주님의 얼굴을 뵈옵는 것이 얼마나 영광스럽고도 사랑스러운 일인지요! 그 얼굴은 사람의 아들들 중에서 가장 아름다우며,[15] 멸시나 거부의 대상도 아닐 뿐더러[16] 그 모친으로부터 받은 인간적 아름다움의 모습도 아닙니다. 이것은 불멸의 옷을 입고,[17] 당신 부활과 영광의 날,[18] 주님께서 (손수) 만드신 날[19]에, 당신 아버지께서 씌워주신 관을 쓰고 계신 그러한 모습입니다. 묵상은 이분을 뵈옵는 관상 안에 예언자가 말한 그 흡족함을 봅니다: "주님의 영광이 나타날 때에 제가 흡족하리이다."[20] 보십시오, 지극히 작은 포도송이 하나에서 얼마나 많은 진액이 솟아났습니까! 불꽃 하나에서 얼마나 엄청난 불이 피어났습니까! "마음이 깨끗한 이는 행복하다. 하느님을 뵈올 것이기 때문이다"라는 이 작은 반죽덩어리 하나는, 묵상의 모루 위에서 정녕 크게도 불어났습니다!

저에게 그러하거늘, 체험이 있는 이가 이 구절에 접근할 때에는 얼마나 더 넓게 번져가겠습니까? 우물은 깊되, 경험없는 초심자인 저는 길어올려야 할 물의 겨우 몇 방울을 얻었을 따름으로 여겨지기 때문입니다.[21] 이러한 빛으로 불타오르고 이러한 열망으로 부추겨진 영혼은, (순백의) 옥합을 깨뜨려버리고는, 아직 맛보지는 못하지만 냄새로써 향유의 감미로움을[22] 이미 예감하기 시작합니다. 그리고 이로써, 이 순결에 대한 묵상만으로도 이렇듯 큰 기쁨을 누린다면, 그 직접 체험이야말로 얼마나 감미로울 것인지를 알아듣는 것입니다.

그런데 어떻게 하라는 말인지요? 영혼은 얻고자 하는 갈망으로 타오르지만, 혼자서는 어떻게 해야 얻을 수 있는지를 모릅니다. 그리고 찾아나서면 찾아나설수록 갈증은 더 심해집니다. 묵상에 전념할수록 고통도 깊어집니다.[23] 그것은 묵상이 마음의 순결 안에 있다고 일러주기는 하지만 전해주시는 않는 그 감미로움을, 영혼이 맛보지 못하기 때문입니다. "위로부터 주어지지 않았더라면"[24] 이 감미로움을 맛보는 것은 애초부터 불가능한 것, 독서나 묵상에 좌우되는 것이 아닙니다. 읽고 묵상하는 것은 악인들이든 선인들이든 다 하는 것이고, 그래서 이교 철인哲人들도 이성의 인도 아래 참된 선의 정수精髓가 어디 있는지를 발견할 수 있었던 것입니다. 그러나 그들은, 하느님을 앎에도 불구하고, 그 어른께 바쳐 마땅한 영광을 바치지 않았습니다.[25] 뿐더러 스스로의 힘을 과신한 나머지 이렇게 말했습니다: "혀로 우리가 힘을 떨치고 입술이 우리에게 있는데 누가 우리의 주인이랴?"[26] 이리하여 그들은 알아듣긴 했지만, 그것을 얻어 누릴 수는 없었던 것입니다. 그리고 그들의 생각이 허망하게 되어,[27] 지혜의 성령이 아니라 인간적 학문 연구에서 얻은 그들의 지혜도 사라져버렸습니다.[28] 성령이야말로 참된 지혜를, 저 감미로운 지혜를 주시는 유일한 분으로서, 이 지혜는 자기가 거하는 영혼을 형언할 수 없는 감미로움으로 양육하며 즐거움을 줍니다. 이 지혜에 대해서는 이렇게 기록된 바 있습니다: "지혜는 간악한 마음속에 들지 않는다."[29] 지혜는 오직 하느님께로부터만 나옵니다. 이때문에 주님께서는 세례를 베풀 권한을 많은 이들에게 허락하셨지만 세례 안에서 죄를 용서할 능력과 권위는 당신 자신에게만 유보하셨던 것입니다. 그래서 요한도 오직 그분만을 두고 이렇게 정확히 말했던 것입니다: "그분이 세례를 베푸는 분이니라."[30] 마찬가지로 우리도 그분에 대해 이렇게 말할 수 있습니다: "그분은 지혜에 감미로움을 더해 주시는 분이시며, 영혼을 위해 지식을 감미롭게 해주시는 분이시다."[31] 말씀은 모든 이에게 주어졌으되 내적 지혜는 소수에게만 주어진 것입니다. 왜냐하면 지혜를 원하시는 이에게 원하시는 때에 나누어주시는 분은 주님이시기 때문입니다.[32]

6 기도의 기능

이리하여 영혼은 자기 힘만으로는 원하던 바, 곧 인식과 체험의 감미로움에 도달할 수 없음을 알게 되었습니다. 아니, 스스로를 마음으로 드높이면 드높일수록 하느님께서는 더욱 멀리 계심을 보게 됩니다.[33] 그리하여 스스로를 낮추고 기도 안으로 피신하는 것입니다. 그리고 이렇게 말합니다: "주님, 주님께서는 순결한 마음에게가 아니면 드러내 보이지 않으시나이다. 저는 독서와 묵상을 통하여 참된 마음의 순결이 무엇인지 알고 또 그것을 어떻게 얻을 수 있는지를 찾고 있나이다. 이는 이로써 제가 단지 조금이라도 주님을 알고자 함이니이다. 주님, 제가 주님의 얼굴을 찾아다녔나이다. 참으로 주님의 얼굴을 찾아다녔나이다.[34] 저는 마음으로 오래 묵상했사오며,[35] 묵상 안에서 당신을 더 깊이 알고자 하는 끝없는 갈망이 큰 불과도 같이 타올랐나이다.[36] 주님께서는 제게 성서의 빵을 쪼개어주시고,[37] 이 빵을 쪼개심으로써 저에게 당신을 알려주시나이다.[38] 그리하여 제가 주님을 알면 알수록, 단지 글자라는 겉껍질에서뿐만 아니라 체험의 감각적 인식으로, 주님을 점점 더 깊이 더 알고자 하는 갈망이 생기나이다. 주님, 제가 이것을 청하는 것은 저의 공로 때문이 아니오라 당신의 자비 때문이옵니다. 저는 부당한 죄인임을 고백하옵니다. 그러나 '강아지들도 주인 상에서 떨어지는 부스러기는 먹습니다'.[39] 하오니 주님, 저에게 장차 얻을 유산의 보증을 주소서. 제 갈증을 조금이라도 식혀줄 저 천상의 비를 한 방울이라도 떨어뜨려 주소서.[40] 제가 사랑으로 타오르고 있나이다."[41]

7 관상의 효과

이런 말이나 이와 유사한 타오르는 말로써 영혼은 갈망에 불을 지핍니다. 이리하여 이 간청으로써 도달한 결과를 보여주는 것입니다. 그리고 이 간청의 매혹으로써 신랑을 가까이 부르는 것입니다. 그 눈이 선인을 굽어보시고, 그 귀가 그들의 기도에 주의를 기울이실[42] 뿐만 아니라 그들 기도의 마음 자체를 귀담아듣고 계시는 주님께서는, 영혼에게서 말이 그치기만을 기다리고 계십니다. 그분은 이 기도가 흘러가고 있는 도중에 흐름을 끊어버리십니다. 그리고 당신을 갈망하고 있는 영혼을 만나주시러, 천상의 감미인 저 이슬을 함빡 뒤집어쓰시고, 지극히 신묘한 향훈(香薰)을 흩뿌리시면서 서둘러 오십니다. 지친 영혼을 새로이 하시기 위해 오시며, 주린 영혼을 배불리시기 위해 오시며, 메마른 영혼을 적시기 위해 오십니다. 영혼으로 하여금 자기 망각 속에서 스스로를 무화(無化)시키면서 놀랍게도 되살리게 함으로써, 지상의 사물들을 잊게 하시려고 오십니다. 영혼을 취하게 함으로써 깨어 있게 하시려고 오시는 것입니다. 육신에 속한 어떤 행실로써 영혼이 육신의 욕망에 굴복한 나머지 이성의 사용을 완전히 잃어버리는 일이 생기고, 이로써 사람은 거의 완전히 육적인 존재가 되어버릴 수 있습니다. 반대 방향으로 진행되는 운동이긴 하지만, 이 지극히 높은 관상에서 생기는 일도 이와 유사합니다. 즉, 여기서 육신의 움직임은 영혼에 의해 온전히 극복

되고 흡수된 나머지, 육신이 그 어떤 것에서도 영혼을 거스를 수 없는 일이 생기는 것입니다. 이리하여 사람은 거의 완전히 영적인 존재가 되는 것입니다.

8 은총이 임했음을 알리는 표지

그러나 주님, 주님께서 이러한 일을 이루실 때, 우리가 어떻게 이를 알아볼 수 있으며, 또 무엇이 당신 오심의 표지일는지요?[43] 아마도 한숨과 눈물을 일러 이 위안과 기쁨의 전령이요 증언자라 해야 할지요? 만일 그러하다면 이것은 새롭게 나타난 모순이요, 그 의미도 보통은 아니라 할 것입니다. 위안과 한숨이, 그리고 기쁨과 눈물이 어떻게 화합할 수 있다는 말인지요? 그러나 아마도 눈물이란 말조차 쓸 수 없을는지도 모르겠습니다. 왜냐하면 이것은 눈물이라기보다는 너무나 충만해서 담아두기가 불가능한 내적 이슬, 곧 내적 세정洗淨의 표지인 외적 인간의 정화를 위해 위로부터 부어지는 내적 이슬이라 해야 옳을 듯싶기 때문입니다. 어린이의 세례에서 내적 인간의 세정을 표상하고 의미하는 것이 외적 세정이라면, 여기서는 동일하되 방향만 바꾸어서, 내적 세정으로부터 외적 세정이 진행되어야 하는 것입니다.

내면의 흠집들을 씻어주고 죄의 불을 꺼주는 저 눈물은 참으로 복됩니다! "복되도다, 지금 우는 사람들! 웃게 되리니."[44] 아 영혼아, 이 눈물 안에서 네 신랑이신 분을 알아모셔라. 그 안에서 네 갈망하는 분을 껴안으며, 즐거움의 개울에서 흠뻑 취하라.[45] 그리고 위안의 품에 안겨 그 젖과 꿀을 빨아 먹으라.[46] 한숨과 눈물, 바로 이것이 네 신랑께서 네게 주시고 맡기시는 놀라운 작은 선물이며 위로이다. 그분은 이 눈물 속에서 네게 넘치도록 마실 것을 주시리니.[47] 이 눈물이야말로 네가 밤낮으로 일용할 빵이 되어야 할 터,[48] 사람의 마음을 굳세게 해주는 빵이 되어야 할 터,[49] 꿀보다도 꿀이 뚝뚝 듣는 벌집보다도 더 단 빵이 되어야 할 터[50] … 주 예수님, 주님을 기억하고 갈망하는 데서 생기는 눈물이 벌써 이토록 달콤하다면, 당신을 뚜렷이 뵈옵는 데서 오는 기쁨은 그 얼마나 감미롭겠습니까? 주님을 위하여 우는 것이 벌써 이토록 달콤하다면, 주님으로 즐거워하는 것은 얼마나 더 감미롭겠습니까?

그러할진대, 무슨 이유로 우리가 이처럼 은밀한 정담을 사람들 앞에서 떠벌이겠습니까? 무슨 이유로, 형용할 수 없는 정감을 하찮은 말로써 표현해 보려 애쓴단 말입니까? 이는 체험하지 않은 이들로서는 알아들을 길 없는 놀라운 일들입니다. 동일한 기름부음으로 가르침을 받았을 때라야,[51] 그들도 체험이라는 책에서 이 놀라운 일들을 더 분명히 읽게 될 것입니다. 그렇지 않다면 외적 문자는 읽는 이에게 아무런 도움이 되지 못합니다. 마음으로부터 길어올린 해석이 그 내적 의미를 밝혀주지 않는다면, 외적 문자의 독서는 참으로 무미건조할 따름입니다.

9 은총의 숨어 있음에 대하여

영혼아, 이야기가 너무 길어져 버렸구나. 우리도 베드로와 요한과 함께 신랑의 영광을 관상하며 여기 머무는 것이 좋은 일이었으리. 그분이 여기서 천막 두 개나 세 개가 아니라[52] 단 하나만을 치기를 원하시어서, 함께 거처하고 함께 기뻐할 수 있게 하셨다면, 그분과 함께 여기서 오래 머무는 것이 좋은 일이었으리. 그러나 신랑은 이렇게 말씀하고 계시네: "이미 날이 밝아오니, 떠나게 해다오.[53] 너는 이미 은총의 빛을 얻었고 바라던 방문을 받았느니라." 이리하여, 축복을 주신 후, 또 엉덩이뼈를 다치게 하시고 이름도 야곱에서 이스라엘로 바꾸어주신 후, 오래 갈망해 온 신랑은 한동안 멀리 떨어져 머무시는 것, 즉시 사라지시는 것. 위에서 말한 방문으로나 관상의 감미로움으로 본다면, 그분은 이제 모습을 감추시는 것. 그럼에도 불구하고 우리를 이끄시는 뜻으로나 은총으로, 그리고 우리와 맺으시는 일치로 보아서는 현존해 계시는 것일지니.

10 잠시 감추어져 있음으로써 우리의 선익에 협력하시는 은총에 대하여

신부여, 이제 신랑께서 잠시 당신 얼굴을 네게서 숨기신다 해서 두려워하거나 좌절하지 말아라. 그리고 그분이 너를 하찮게 보신다고 여기지도 말아라. 모든 것이 울력하여 너에게 좋은 일을 이루는 것이다.[54] 그분이 가까이 오실 때에나 물러나실 때에나, 너는 얻을 것이 있으리라. 오시는 것도 너를 위해서이며, 가시는 것도 너를 위해서이다. 오시는 것은 너를 위안하시기 위함이고, 가시는 것은 너를 보호하시기 위함이니, 위안이 크다 하여 네가 교만에 떨어지지 않도록 하시기 위함이다. 그리고 신랑께서 언제나 너와 함께 머무신다 하여 네 형제들을 함부로 여기기 시작하는 일이 없도록 하시기 위함이며, 나아가 네가 이 위안을 은총이 아니라 본성의 작용으로 치부하는 일이 없도록 하시기 위함이다. 이 위안은 신랑께서 원하시는 때에 원하시는 이에게 나누어주시는 은총이니, 상속권을 통해 소유할 수 있는 것은 아니니라. 속담에 이르기를 "지나친 친숙함은 함부로 여김으로 통한다" 하듯이, 신랑께서 물러나시는 것은 당신 충실함으로 말미암아 오히려 소홀히 여겨지는 일이 없도록 하기 위함인 것, 오히려 당신의 부재不在로 인하여 더 갈망할 수 있도록 하시기 위함인 것. 그분은, 만일 누가 당신을 갈망한다면 더 절실히 찾아다닐 것이요, 만일 누가 오랫동안 당신을 찾아다닌다면 결국 찾아뵙고야 말리란 사실을 알고 계시다. 그리하여 더 큰 감사를 드리게 될 것이라는 사실도 알고 계시는 것이다.

여기서 그치지 않는다. 만일 장차 우리 안에 드러날 영광에 비하면[55] 희미하고도 불완전할 뿐인[56] 이 위안이 결코 가시는 법이 없다면, 우리는 이 지상이 바로 영원히 상주할 도성이겠거니 여기고는, 장차 올 그 도성을 덜 찾게 되리라는 것이다.[57] 결국, 우리가 유배지를 고향으로 삼고 담보물을 최종적 상급으로 삼는 일이 없도록 하기 위해, 신랑은 오셨다가도 물러서고, 때로는 위안을 베푸셨다가도 이 모든 것을 약함으로 뒤집어놓는 것이다.[58] 한동안 당신이 얼마나 좋으신지 우리가 맛보도록 해주셨다가는,[59] 충분히 맛보기도 전에 모습을 감추신다. 날개를 펼치고는 우리 위로 그만 날아가버리는 것이니,[60] 이는 우리가 스스로 날도록 부추기는 것으로, 마치 이렇게 말씀하시려는 것과도 같다: "여러분은 내가 얼마나 좋고도 감미로운지를 조금 맛보았습니다.[61] 그러나 내 감미로움에 충만히 적셔지고자 한다면, 내 향훈을 따라서 내 뒤를 좇아오시오.[62] 그리고 내가 아버지 오른편에 있는 그곳으로 마음을 드높이시오.[63] 바로 거기서 여러분은 나를 볼 것입니다.[64] 그러나 '그때는 거울을 통해 어렴풋이 보는 것이 아니라 얼굴과 얼굴을 마주 대할 것입니다'.[65] 그리하여 '여러분의 마음은 아무도 빼앗지 못할 기쁨으로 넘칠 것입니다.'"[66]

🔟 주님 은총의 방문을 받고 난 다음, 영혼이 신중하게 처신해야 함에 대하여

그러나 신부여, 네 스스로를 살펴 조심할 일이다. 신랑께서 아니 계실 때에는 멀리 가신 것이 아니며, 너는 비록 그분을 못 뵙는다 해도 그분은 늘 너를 보고 계시는 것이다. 그분은 앞으로도 뒤로도 눈을 지니셔서,[67] 너는 그분으로부터 숨을 수가 없다. 그분은 또한 당신의 전령이라 할 영들을 네 주위에 두셔서, 그들로 하여금 네가 신랑이 아니 계실 때 어떻게 처신하는지 주의깊게 살펴서 보고드리고, 또 행여 네가 정숙하지 못하거나 방심한 징후를 보이면 그분 앞에서 너를 고발하도록 하셨다. 너의 이 신랑은 질투하는 분이시다.[68] 혹 네가 다른 사랑을 맞아들인다면, 그분보다도 다른 어느 누구의 마음에 들려고 애를 쓴다면, 그분은 즉시 너와 떨어져서 다른 처자들과 결합하실 것이다. 너의 이 신랑은 섬세하고 고귀하며 부요하신 분, 사람의 아들들 중 가장 아름다운 분이시다.[69] 그러므로, 가장 아름다운 이가 아니면 아무도 당신의 신부감으로 생각지 않으신다. 네게서 흠이나 주름을 보신다면,[70] 즉시 당신 눈길을 돌리시리니,[71] 순결하지 못한 그 어떤 것도 그분은 견딜 수 없으시기 때문이다. 그러므로 순결하고 정숙하며 또 겸손하여라. 그래야만 네 신랑의 방문을 자주 받기에 합당하리라.

형제님, 아마도 이 이야기를 너무 길게 끌었나 봅니다. 감미로운 만큼 풍요롭기도 했던 주제가 저로 하여금 그렇듯 길게 이야기하게 했습니다. 제가 여기 너무 오래 머물렀다면 그것은 제 뜻이 아니었습니다. 본의 아니게 그 감미로움에 이끌려 가버리고 만 것입니다.

12 요약

이제 위에서 한데 이어 길게 이야기한 것을 더 잘 이해하기 위해, 요약하는 형식으로 다시 되돌아보기로 합니다. 위에서 제시된 예들을 통해 보듯, 형제께서는 지금까지 말한 각 단계들이 얼마나 서로 간에 밀접하게 연결되어 있는지를, 그리고 시간적으로든 원인관계에 있어서든 하나가 다른 하나에 어떻게 선행하는지를 보실 수 있습니다. 독서는 기초와도 같아 맨 먼저 오는 것으로서, 우리에게 주제를 제공해 주고 또 우리를 묵상으로 인도합니다. 묵상은 추구해야 할 것을 더 열심히 찾아나서는 것으로서, 말하자면 땅을 파들어 감으로써[72] 보물을 발견하여[73] 그것을 보여주는 것입니다. 그러나 스스로는 그것을 간직할 힘이 없기에, 우리를 기도로 인도해 줍니다. 기도는 온 힘을 다하여 하느님께 스스로를 들어높이면서 갈망하던 보물을 청하는 것이니, 그것은 곧 관상의 감미입니다. 이 관상은 그 도래와 함께, 천상적 감미의 이슬로 목마른 영혼을 적시면서 이전 세 단계의 모든 수고를 갚아줍니다. 독서가 표면과 관련된 훈련이라면 묵상은 속내를 들여다보는 지성입니다. 그리고 기도가 갈망과 관련된 것이라면, 관상은 모든 감각을 초월한 것입니다. 첫번째 단계는 초심자들의 것이요, 두번째는 진보한 이들의 것이며, 세번째는 열심한 이들의 것이요, 네번째는 복된 이들의 것입니다.[74]

13 이 여러 단계들이 어떻게 서로 연결되어 있는지에 대하여

이 단계들은 서로서로 작용하며 긴밀히 결합되어 있는 것이어서, 앞선 단계들은 나중 오는 단계들 없이는 유익이 조금뿐이거나 전혀 없을 정도입니다. 그리고 앞선 단계들 없이는 나중 단계들에 도달하는 것이 전혀, 혹은 거의 불가능합니다. 사실 긴 독서에 시간을 들여 성인들의 행적과 저술을 읽어내려 간다 한들, 곱씹고 되씹어 그 정수精髓를 뽑아내지 않는다면, 또 그것을 동화시켜서 마음 깊은 데까지 꿰뚫고 내려가게 하지 않는다면, 그리하여 우리 영혼 상태를 면밀하게 알고, 열심으로 읽고 또 읽어 그분들의 행적을 실천하려 하지 않는다면, 그것이 무슨 유익이 되겠습니까? 그런데 먼저 그에 대하여 읽거나 혹은 들음으로써 깨우침을 받지 않는다면, 어떻게 이런 것들에 대해 사색할 수 있겠으며, 또 거짓되고 헛된 묵상으로써 거룩한 교부들이 설정해 놓은 한계를 넘지 않도록 주의할 수 있겠습니까? 과연 듣는 것은 어떤 점에서 읽는 것과 관계가 있다고 하겠습니다. 그러기에 우리는 직접 읽었거나 다른 이들이 읽어주어 듣게 된 책들의 경우뿐만 아니라, 스승들이 우리에게 설명해 준 바 있는 그 책들의 경우를 두고도 "읽었다"고 말하는 것입니다.

같은 이치로, 묵상을 통해 해야 할 바를 알았다고 하더라도, 기도의 도움과 하느님의 은총으로 그것을 달성할 힘을 얻지 못한다면, 그것이 사람에게 무슨 도움이 되겠습니까? 모든 최상의 선물과 완전한 선물은 위로부터 오며 빛의 아버지로부터 내려오는 것이기에,[75] 그분 없이 우리는 아무것도 할 수 없습니다. 우리 안에서 일을 이루시는 분은 바로 그분이십니다. 그러나 그렇다고 해서 우리 없이 일을 이루시는 것은 아닙니다. 사실 사도께서 말씀하시듯 "우리는 하느님의 협력자들"[76]입니다. 하느님께서는 우리가 당신께 기도하기를 원하시며, 은총이 오시어 문을 두드릴 때에[77] 우리 의지의 심부深部를 열어드리고 마음을 비워 허락하기를 원하십니다.

14. 귀고 2세: 「관상생활에 대해 쓴 편지」 153

이 허심(許心)은 주님께서 사마리아 여인에게 "남편을 불러오시오"[78] 라고 말씀하시면서 요구하신 것이기도 합니다. 말하자면 주님은 다음과 같이 말씀하셨다고 볼 수 있는 것입니다: "나는 그대에게 은총을 부어주고자 하니, 그대는 자유의지를 동원하시오." 그분은 사마리아 여인이 기도하기를 요구하십니다: "당신이 하느님의 선물을 알고 또 '마실 물 좀 주시오' 하고 말한 그가 누구인지를 알았더라면, 오히려 당신이 그에게 생명수를 청했을 것입니다."[79] 이것을 마치 주님께서 직접 읽어주시는 것처럼 듣고 여인은 깨우침을 얻어, 이 물을 얻어 마시는 것이 그에게 좋고도 유익하리라고 자기 마음속으로 묵상합니다. 그리하여 이 물을 얻으려는 욕망으로 달아올라 다음과 같이 기도하기에 이르는 것입니다: "주님, 그 물을 주십시오. 그러면 제가 더이상 목마르는 일이 없을 것입니다."[80] 보십시오, 주님의 말씀을 듣고 이어서 그것을 묵상한 것이, 이제 여인으로 하여금 기도하도록 부추긴 것입니다. 만일 먼저 묵상이 여인으로 하여금 갈망으로 달아오르게 하지 않았다면, 어찌 물을 달라고 청하고자 하는 충동을 느끼게 되었겠습니까? 그리고 만일, 기도가 뒤이어지면서 갈망할 만한 것으로 드러난 그것을 청하지 않았다면, 묵상했다는 것이 여인에게 무엇을 가져다주었겠습니까? 묵상이 풍요로운 결실을 보려면 묵상에 열심한 기도가 뒤따라야 합니다. 그리고 관상의 감미는 말하자면 이 기도의 결과라 하겠습니다.

14 맺으면서

이로써 우리는, 묵상 없는 독서는 건조하며 독서 없는 묵상은 오류에 빠지기 쉽고, 나아가 묵상 없는 기도는 미지근하며 기도 없는 묵상은 결실이 없는 것이라고 결론지을 수 있겠습니다.[81] 정성들인 기도는 관상을 얻게 해주며, 기도 없는 관상의 선물은 드물고 기적에 가까운 것이라 하겠습니다. 사실, 그 권능이 한계를 모르며 그 자비하심이 당신의 모든 업적들 위에 펼쳐져 있게 하신 주님께서는, 더러 돌로부터 아브라함의 자녀들을 만들곤 하시니,[82] 이는 마음이 완고하고 반역하기 좋아하는 이들로 하여금 기꺼이 응하도록 만드심으로써입니다. 그분은 대책없이 관대하게 베푸시는 분으로서, 세간에서 흔히 쓰는 말로 "뿔을 잡고 소를 이끈다"는 말이 어울리는 분이시니, 부르지도 않았는데 나타나 도와주시고 찾지도 않았는데 자신을 온통 쏟아부어 주시는 것입니다. 우리는 이것이 바울로나[83] 다른 몇몇 사람들에게 더러 생긴 일로 읽어 알고 있습니다. 그러나 그렇다고 하여 이런 선물을 우리도 받았노라 주제넘게 생각해서는 안 되는 것이니, 이는 마치 하느님을 시험하는 것과 같은 소행입니다. 우리는 오히려 우리 할 바를 해야 하겠습니다. 즉, 하느님의 법을 읽고 묵상하며, 우리의 약함을 도우러 오십사,[84] 그리고 우리의 불완전함을 굽어보십사 그분께 기도해야 하겠습니다. 그분 몸소 그리하라고 우리를 가르치시는 것이니, "청하시오, 여러분에게 주실 것입니다. 찾으시오, 얻을 것입니다. 두드리시오, 여러분에게 열어주실 것입니다"[85]라고 말씀하셨던 것입니다. 사실 현세에서는 "하늘나라는 힘에 눌리고 있습니다. 힘쓰는 자들이 그것을 강탈합니다".[86]

이렇게 일단 위에 말한 단계들간의 차이를 규명한 다음에는, 그 각각의 특성들을 알아들을 수 있거니와 서로간에 맺고 있는 관계뿐 아니라 각각이 우리에게 어떤 결과를 낳는지를 또한 이해할 수 있습니다. 다른 모든 일에서 다 벗어나 이 네 층계를 오르는 일에 늘 전념하고자 열망하는 정신을 지닌 이는 복됩니다. 지닌 모든 것을 팔아 치우고, 탐낼 만한 보물,[87] 조용히 머물러 주님이 얼마나 좋으신지를 보는[88] 그 보물이 묻힌 밭을 사는 이는 복됩니다.[89] 첫째 단계에서 열심히 애쓰고, 둘째 단계에서 주의깊게 두루 살피고, 셋째 단계에서 정성스럽고, 넷째 단계에서 자기자신을 빠져나와 드높아진 사람, 하느님께서 당신을 향해 오도록 그 마음에 깔아놓으신 오르막길을 따라 점점 더 힘있게 올라가 마침내는 신들의 신이신 하느님을 시온에서 뵈옵는 사람은 복됩니다.[90] 이 제일 높은 단계에서 잠시라도 머무를 수 있도록 해주신 사람, 그리하여 정녕 이렇게 말할 수 있는 사람은 복됩니다: "이제 하느님의 은총을 느끼게 되었고, 이제 베드로와 요한과 더불어 산에서 그분의 영광을 뵙게 되었구나. 이제 야곱과 더불어 아리따운 라헬을 껴안는 즐거움을 누리게 되었구나."

그러나 이런 사람은 스스로 살펴 조심할 일입니다. 자신을 하늘까지 드높여준 관상이 끝난 후, 나락에 이르도록 정신없이 추락하는 일이 없도록 말입니다. 그토록 큰 은총의 방문을 입은 후, 세속적인 방탕과 육신의 유혹으로 돌아가는 일이 없도록 말입니다. 정신의 눈이 유약하여 참된 빛의 광채를 더이상 견딜 수 없을 때에는, 타고 올라왔던 세 층계들 중 하나로 천천히 순서에 따라 내려와야 할 것입니다. 그래서 자유의지의 움직임에 따라, 또 시간과 장소를 유념하면서, 때로는 한 층계에 또 때로는 다른 층계에 번갈아 머무르도록 해야 할 것입니다. 비록 제 견지에서 볼 때, 첫단계에서 멀면 멀수록 하느님과는 더 가깝다고 하더라도 말입니다. 애석합니다, 인간의 조건은 얼마나 허약하고도 참담한 것인지요!

이제 이성과 성서 증언의 인도로 우리는, 복된 생활의 완성이 이 네 층계에 담겨 있음을, 그리고 영적 인간은 바로 이를 위해 헌신해야 함을 분명히 보았습니다. 그런데 이 생명의 길을 꾸준히 걷는 이가 누구입니까? "그런 사람은 누구입니까? 우리가 그를 칭송하겠습니다."[91] "많은 사람이 원합니다만 소수만이 실현을 봅니다."[92] 우리가 이 소수에 속하기를 바랍니다!

15 이 네 층계로부터 우리를 떼어놓는 네 가지 원인

대개 네 가지 원인이 우리로 하여금 이 층계들로부터 멀어지게 할 수 있습니다. 어쩔 수 없는 필연, 선행의 유익함, 인간적인 나약함 그리고 세상의 헛됨이 그것들입니다. 첫째 것은 변명할 수 있는 것이고, 둘째 것은 관용을 베풀 수 있는 것이며, 셋째 것은 불쌍히 여길 것이고, 넷째 것은 죄스러운 것입니다.[93] 넷째 것은 정녕 죄스러운 것입니다. 이 넷째 원인으로 말미암아 자기 원칙으로부터 물러서는 사람의 경우, 하느님의 은총을 얻고도 뒤로 물러설 바에야, 차라리 은총을 얻지 못했더라면 더 좋았을 뻔했습니다. 이 죄를 무엇으로 변명할 수 있겠습니까?[94] 주님께서는 이런 이에게 의당 이렇게 말씀하실 수 있으실 터입니다: "내가 해주지 않은 것이 무엇이 있건대, 그대에게 더 해주어야 합니까?[95] 그대가 아직 있지도 않던 때에 나는 그대를 창조했고, 그대가 마귀에게 종살이하면서 범죄했을 때 나는 그대를 속량했으며, 그대가 악인들과 함께 저자 거리를 두루 헤매고 다닐 때[96] 나는 그대를 뽑았습니다.[97] 나는 그대를 내 눈앞에 두며 그대에게 은총을 베풀었고, 그대 안에 내 거처를 마련하고자 했습니다.[98] 그러나 그대는 나를 하찮게 보았고, 내 말뿐 아니라[99] 나

자신마저 뒤로 내팽개치고 자기 욕정을 좇아갔습니다."[100]

　좋으신 하느님, 다정하시고 온유하시며 상냥한 친구이자 현명한 조언사, 능하신 도움이신 분! 주님을 팽개치는 이, 그토록 겸손하고 유순한 손님이신 주님을 제 마음에서 몰아내는 이는 얼마나 인간답지 못하고 무모한 자인지요! 아, 그 얼마나 불행하고도 재앙스런 맞바꿈인지요, 자기의 창조주를 팽개치고 대신 고약하고 해로운 생각들을 받아들이는 것이! 성령의 내밀한 신방新房, 곧 조금 전까지도 천상의 기쁨에 경도되어 있던 저 마음 깊은 곳을, 순식간에 불결한 생각들에 넘겨주어 돼지들로 하여금 짓밟도록 하는 것이![101] 아직 마음속에 신랑이 남기고 간 흔적의 온기가 남았건만, 벌써 간음의 욕망이 고개를 내밀다니요. 모두가 어울리지도 않거니와 낯부끄러운 일입니다: 사람이 해서는 안되는 형언할 수 없는 말을[102] 방금 들은 귀가, 꾸며낸 이야기와[103] 분심거리들에 그토록 빨리 귀기울이게 되다니, 조금 전에 거룩한 눈물로 세례를 받았던 눈이 즉시 헛된 것에 시선을 돌리다니, 조금 전에 달콤한 축혼가를 부르던 입이, 뜨겁고도 솜씨좋은 언변으로 신부를 신랑과 화해하게 했으며 신부를 포도주 창고로 이끌었던[104] 그 입이 다시금 상스럽고도 야비한 이야기로 되돌아가다니, 속임수를 꾸미고[105] 헐뜯는 소리를 내다니. 주님, 이 허물로부터 저희를 지켜주소서! 그렇지만 인간적 허약함으로 인하여 저러한 잘못에 다시 떨어진다 해도, 이때문에 절망하지는 맙시다. 오히려 "억눌린 이를 먼지에서 일으켜세우시고 불쌍한 이를 거름에서 들어올리시는"[106] 어진 의사께 되돌아갑시다. 그러면 죄인의 죽음을 원하지 않으시는 그분께서[107] 우리를 다시금 보살피시고 낫게 해주실 것입니다.[108]

어느덧 편지를 마무리할 때가 되었습니다. 우리 모두 오늘날 주님께서 당신의 관상으로부터 멀어지게 하는 장애물을 완화시켜 주시고, 장차는 그것을 완전히 제거해 주시기를 기도합시다. 또한 이 층계들을 통해서 우리를 점점 더 힘있게 인도하시어 마침내 신들의 신이신 그분을 시온에서 뵈올 수 있게 해주시기를[109] 기도합시다. 거기서 뽑힌 이들은 신적 관상의 감미를 한 방울씩 그리고 이따금씩 맛보는 것이 아닐 터입니다. 오히려 그들은 즐거움의 격한 물줄기를 타고, 아무도 그들로부터 빼앗을 수 없는 기쁨과[110] 항구한 평화를, 그분 안의 평화를[111] 끝없이 누리게 될 것입니다.

그러므로 내 형제 제르바시오님, 어느 날 위로부터 은총이 내려 형제가 이 계단의 꼭대기까지 오르게 되거든 저를 기억해 주시기 바랍니다. 거기서 형제께서 행복을 누리실 때 저를 위해 기도해 주시기 바랍니다. 이리하여 너울은[112] 너울을 걸어가고, "이 말씀을 듣는 이도 '오소서' 하고 외치십시오".[113]

주

[1] 필자인 귀고 2세는 프랑스 그르노블 근처에서 1084년 창설된 카르투시오 (Grand Chartreuse) 수도회의 초기 회원 중 한 사람이다. 이 수도회는 오늘날까지 대단히 엄격한 침묵과 수행생활로 널리 알려져 있다. 스스로에 대해서 침묵하는 카르투시안 영성의 특성으로 말미암아 귀고 2세의 생애에 관해 알려진 것은 거의 없다. 1173년 공동체의 책임자 자리에 있었고, 아마도 같은해 혹은 다음해 카르투시오 수도회의 제9대 총원장으로 선출되었다는 것, 그리고 1180년 이 소임을 끝낸 후 1188년 귀천했다는 것 정도가 그에 관해 알 수 있는 전부이다. 그는 「묵상집」과 「마리아의 노래 주해」 및 「관상생활에 대해 쓴 편지」 등의 작품을 남겼다. 본문은 「관상생활에 대해 쓴 편지」(*Epistola de vita contemplativa*)를 옮

긴 것이다. 중세말 널리 사람들의 사랑을 받았던 이 빼어난 영성 소품은 흔히 「수도승들의 계단」(*Scala Claustralium*)이란 별칭으로 불리기도 한다. 이 글은 Sources Chrétiennes 총서 163으로 출간된 Guigues II le Chartreux, *Lettre sur la vie contemplative (L'échelle des moines), Douze Méditations,* introduction et texte critique par Edmund College, o.s.a. et James Walsh, s.j., traduction par un Chartreux, Paris 1970, 82-123을 대본으로 삼아 번역한 것임을 밝혀둔다 — 역자 주.

2 시편 144,12 참조.   3 출애 13,14 참조.   4 아가 6,3.9 참조.
5 로마 11,17.24 참조. 6 창세 28,12 참조.   7 창세 29,20 참조.

8 Est autem lectio sedula scripturarum cum animi intentione inspectio. Meditatio est studiosa mentis actio. occultae veritatis notitiam ductu propriae rationis investigans. Oratio est devota cordis in Deum intentio pro malis removendis vel bonis adipiscendis. Contemplatio est mentis in Deum suspensae quaedam supra se elevatio. eternae dulcedinis gaudia degustans.

9 마태 5,8.   10 시편 24,3-4.   11 시편 51,12.
12 시편 66,18.   13 욥기 31,1.   14 시편 119,37 참조.
15 시편 45,3 참조.   16 이사 53,2 참조.   17 집회 6,31 참조.
18 아가 3,11 참조.   19 시편 118,24 참조.   20 시편 17,15 참조.
21 요한 4,11 참조.   22 마르 14,3; 요한 12,3 참조.
23 전도 1,18 참조.   24 요한 19,11.   25 로마 1,21 참조.
26 시편 12,5.   27 로마 1,21 참조.   28 시편 107,27 참조.
29 지혜 1,4.   30 요한 1,33.
31 Hic est qui sapientiae dat et sapidam animae facit scientiam.
32 1고린 12,11. 참조. 33 시편 64,7-8 참조.   34 시편 27,8 참조.
35 시편 77,7 참조.   36 시편 39,4 참조.
37 루가 24,30-31 참조. 38 루가 24,35 참조.   39 마태 15,27.
40 루가 16,24 참조.   41 아가 2,5 참조.
42 시편 34,16; 1베드 3,12 참조.   43 마태 24,3 참조.
44 루가 6,20.   45 시편 36,9 참조.   46 이사 66,11 참조.
47 시편 80,6 참조.   48 시편 42,4 참조.   49 시편 104,15 참조.
50 시편 19,11 참조.   51 1요한 2,27 참조.   52 마태 17,4 참조.
53 창세 32,26 참조.   54 로마 8,28 참조.   55 로마 8,18 참조.
56 1고린 13,12 참조.   57 히브 13,14 참조.   58 시편 41,4 참조.

⁵⁹ 시편 34,9 참조.   ⁶⁰ 신명 32,11 참조.   ⁶¹ 1베드 2,3 참조.
⁶² 아가 1,3 참조.   ⁶³ 사도 7,55 참조.   ⁶⁴ 요한 16,19 참조.
⁶⁵ 1고린 13,12.   ⁶⁶ 요한 16,22.   ⁶⁷ 에제 1,18 참조.
⁶⁸ 출애 34,14 참조.   ⁶⁹ 시편 45,3 참조.   ⁷⁰ 에페 5,27 참조.
⁷¹ 이사 1,15 참조.   ⁷² 잠언 2,4 참조.   ⁷³ 마태 13,44 참조.

⁷⁴ Lectio est secundum exterius exercitium, meditatio secundum interiorem intellectum, oratio secundum desiderium, contemplatio supra omnem sensum, primus gradus est incipiendum, secundus proficientium, tertius devotorum, quartus beatorum.

⁷⁵ 야고 1,17 참조.   ⁷⁶ 1고린 3,9.   ⁷⁷ 묵시 3,20 참조.
⁷⁸ 요한 4,16.   ⁷⁹ 요한 4,10.   ⁸⁰ 요한 4,15.

⁸¹ Ex his possumus colligere quod lectio sine meditatione est arida, meditatio sine lectione erronea, oratio sine meditatione tepida, meditatio sine oratione infructuosa.

⁸² 마태 3,9 참조.   ⁸³ 사도 9장 참조.   ⁸⁴ 로마 8,26 참조.
⁸⁵ 마태 7,7.   ⁸⁶ 마태 11,12.   ⁸⁷ 마태 13,44 참조.
⁸⁸ 시편 34,9; 45,11 참조.

⁸⁹ Beatus homo cujus animus a caeteris negotiis vacuus, in his quatuor gradibus semper versari desiderat, qui venditis universis quae habet emit agrum illum in quo latet thesaurus desiderabilis. Scilicet vacare et videre quam suavis est Dominus.

⁹⁰ Qui in primo gradu exercitatus, in secundo circumspectus, in tertio devotus, in quarto supra se elevatus, per has ascensiones quas in corde suo disposuit ascendit de virtute in virtutem donec videat Deum deorum in Sion.

⁹¹ 집회 31,9.

⁹² Velle multis adjacet, sed perficere paucis. 로마 7,18 참조.

⁹³ Prima excusabilis, secunda tolerabilis, tertia miserabilis, quarta culpabilis.

⁹⁴ 요한 15,22 참조.   ⁹⁵ 이사 5,4 참조.   ⁹⁶ 시편 12,9 참조.
⁹⁷ 이사 43,7-11 참조.   ⁹⁸ 요한 14,23 참조.   ⁹⁹ 시편 50,17 참조.
¹⁰⁰ 집회 18,30 참조.   ¹⁰¹ 마태 7,6 참조.   ¹⁰² 2고린 12,4 참조.
¹⁰³ 2디모 4,4 참조.   ¹⁰⁴ 아가 2,4 참조.   ¹⁰⁵ 시편 50,19 참조.
¹⁰⁶ 시편 113,7 참조.   ¹⁰⁷ 에제 33,11 참조.   ¹⁰⁸ 호세 6,2 참조.
¹⁰⁹ 시편 84,8 참조.   ¹¹⁰ 요한 16,22 참조.   ¹¹¹ 시편 4,9 참조.
¹¹² 출애 26장 참조.   ¹¹³ 묵시 22,17.